原著第三版 》

The Classroom Observer

Developing Observation Skills in Early Childhood Settings

(Third Edition)

婴幼儿教师观察技能培养手册

〔美〕Ann E. Boehm，Richard A. Weinberg 著

张丽敏 译

中国轻工业出版社

图书在版编目（CIP）数据

婴幼儿教师观察技能培养手册 / （美）安·E. 贝姆（Ann E. Boehm），（美）理查德·A. 温伯格（Richard A. Weinberg）著；张丽敏译. —北京：中国轻工业出版社，2022.2

ISBN 978-7-5184-3665-1

Ⅰ. ①婴… Ⅱ. ①安… ②理… ③张… Ⅲ. ①幼教人员–能力培养–手册 Ⅳ. ①G615-62

中国版本图书馆CIP数据核字（2021）第195941号

总 策 划：石 铁

策划编辑：吴 红　　责任终审：张乃柬　　责任校对：万 众

责任编辑：牟 聪 李芳芳　　责任监印：刘志颖

出版发行：中国轻工业出版社（北京东长安街6号，邮编：100740）

印　　刷：三河市鑫金马印装有限公司

经　　销：各地新华书店

版　　次：2022年2月第1版第1次印刷

开　　本：710×1000　1/16　印张：10.25

字　　数：90千字

书　　号：ISBN 978-7-5184-3665-1　定价：48.00元

读者热线：010-65181109，65262933

发行电话：010-85119832　传真：010-85113293

网　　址：http://www.chlip.com.cn　http://www.wqedu.com

电子信箱：1012305542@qq.com

如发现图书残缺请拨打读者热线联系调换

210926Y1X101ZYW

谨以此书献给盖尔和内维尔

译者序

成为专业的儿童观察者

发现儿童、理解儿童是教育的基础，观察则是解读儿童的重要手段。近年来我国学前教育界越来越认识到促进幼儿园教师专业化发展必须重视教师的观察技能。《3—6岁儿童学习与发展指南》《幼儿园教师专业标准（试行）》《托育机构保育指导大纲（试行）》等一系列政策文件多次强调对儿童的观察能力是教师必备的专业能力。有效的儿童观察可以使观察者客观、全面地了解儿童行为及发展变化，能够在关注、倾听、尊重儿童的基础上因人施教，设计和实施适宜的教育活动。目前，儿童观察已经被幼儿园关注和重视，在幼儿园教师的日常工作中占据一席之地，然而现实中的观察却常常让教师们感到非常困惑和棘手，往往出现“根本没有时间观察”“这都习以为常了，没什么可观察的”“为了观察而观察”“不知怎么观察”“观察记录每学期都交，没什么用”等问题。

《婴幼儿教师观察技能培养手册》秉持“一名专业的婴幼儿教师必须是专业的儿童观察者”的理念和目的，呈现了一名专业的学前儿童观察者所应具备的各种观察技能。本书针对婴幼儿教师在观察实践中可能遇到的各种问题，在总结教师观察技能培训项目经验的基础上，提出了系统的儿童观察技能。作者在书中全面地阐述了系统的观察技能的关键特征、教育情境中观察技能的各种应用，并详细介绍了叙事性观察方法（日记描述、逸事记录和样本记录）、基于判断的观察方法（检核表和评定量表）等具体的观察方法，同时一步一步地展示了有效实施系统观察技能的完整流程（包括观察问题的定义、观察行为的分类、观察的取样、观察的记录方式与结果解释、提高观察有效性的方法、观察媒介的使用以及教师作为观察者的反思等）。

除了为儿童观察技能培养提供较为完整的框架外，本书还具有以下突出特点：

第一，将儿童观察视为一项具有系统性的技术。本书开篇就提出了“系统观察法”，并且将系统地进行儿童观察的理念贯穿全书。学前儿童的观察应该是系统的，因为儿童不是孤立的存在，而是处于某个情境且与环境、他人互动的个体，儿童的发展特征不是片面的、静止的，而是全面的、整体的、有阶段性和动态变化的。因此，只是熟练运用某种观察工具来解释某个儿童的某些特征，容易造成片面解读或“头痛医头，脚痛医脚”的困局。本书用两个专章来论述学前教育情境与儿童的关系、各种教育教学情境中的儿童观察技能应用以及对观察情境的具体分析和描述，并且在介绍具体的观察方法时特别关注教育教学情境的异同。这样试图让专业的观察者不囿于眼前“所见的”儿童，而是打开“眼界”去看与儿童互动的环境和人，透过眼前的儿童行为去探究更为深层次的原因，以获得对儿童形象的立体和全貌的观察。专业的儿童观察者应具备系统的理念和思维，其“眼见”会更有优势，所见之“实”也会更有效、丰富和有深度。

第二，强调“授人以鱼不如授人以渔”。当前不少教师寄希望于通过书籍来寻求便捷又高效的观察工具和方法，寄希望于短平快地进行儿童观察。但观察工具和方法都有其适用性且不可能是“一劳永逸”的。正如本书的作者所说“没有一种观察方法是完美的。每名观察者必须确定一个观察领域并选择适用于自身工作方式且能解决实际问题的观察方法”。本书的作者热切地期望通过学习本书，读者能养成扎实的观察能力而非仅获得某些观察工具或某个观察方法。本书全面而细致地展现了婴幼儿教师在学前教育情境中习得系统的观察技能的关键环节，重点在于使教师能够“自产、自制、自用”有效的观察技术，而不是兜售“罐装或套装”的观察工具产品或课程。例如，作者在介绍各种观察表时，非常强调读者运用正式的观察表制作方法等。成为专业的儿童观察者，获得高质量的观察技能，绝不仅限于会熟练运用某张观察表，而是熟知儿童学习与发展的情境性、真实性，并且能够因时、因人、因地制宜地灵活运用系统的观察技能。

第三，理论联系实践，循序渐进。本书作者在儿童心理学、婴幼儿教师培训领域深耕多年，深谙教学与学习之道。为了能使读者将书中的观察知识吸收和转化为观察能力，他们力求让本书具备实用性和操作性。在介绍观察原理时，本书中结合了丰富的婴幼儿教育教学实践案例及现场照片，并且采用“工作坊式”编排手法，在描述每一个观察技能的关键环节之后，紧跟着一系列练习任务。这能让读者通过自行强化练习，达到对书中所介绍的各种观察原则、方法和程序的深度理解与及时应用，并且附录中提供了答案范例以供读者参考、比较和思考。同时，作者采用循序渐进的设计方法，依据系统观察法的完整流程逐一展开，手把手地带着读者一步一步地夯实专业观察技能。此外，作者语言平实、深入浅出、娓娓道来，完全没有学院派语言风格的晦涩难懂。

第四，持续反思，促进专业成长。虽然本书已经修订两次，但作者所秉持的初心未改，即专业的婴幼儿教师应是专业的儿童观察者。作者强调专业观察者要保持持续的反思，书中有三章专门论及观察过程的反思——“观察中的选择性”“有信度的观察：避免观察偏差”以及“教师作为观察者”。此外，全书从头至尾有非常多的学习模块，它们都在有意识地引导读者主动思考和自我反思。成为专业的儿童观察者一定离不开实践与反思。正如波斯纳提出的教师成长公式：成长 = 经验 + 反思。只有通过反复实践和持续反思，观察者才能真正将观察技术“为我所用”并转化为专业观察能力，与此同时，这反过来也能够促进其自身的专业成长。

全书由本人翻译完成并进行统稿，但限于水平与精力，难免有疏漏之处，还请读者们不吝指正。与本书的作者一样，衷心祝愿各位读者成为一名专业的儿童观察者。

张丽敏

2021 年 9 月于珠海香山湖

作者简介

安·E. 贝姆（Ann E. Boehm），博士，哥伦比亚大学师范学院心理学与教育学教授。她的学术兴趣聚焦于学前儿童评估、幼儿概念习得、早期阅读和家庭代际素养。她撰写了专著《贝姆基本概念测试（修订版）》[*Boehm Test of Basic Concepts*（*Revised*）]、《贝姆基本概念教学资源指南》（*Boehm Resource Guide for Basic Concept Teaching*），同时与他人合作发布了《认知技能评估量表》（*Cognitive Skills Assessment Battery*）。她曾任发展与教育心理学系主任。

理查德·A. 温伯格（Richard A. Weinberg），博士，明尼苏达大学双城分校"教育领导学的伯克迈尔教授"，儿童心理学教授和教育心理学副教授，儿童发展研究所所长。温伯格博士的学术重点是研究个体智力发展和个性特征方面的差异性以及幼儿评估。他曾与他人合著若干著作，并担任《宝宝说杂志》（*Baby Talk Magazine*）的专业顾问，以及《应用发展科学》（*Applied Developmental Science*）的编辑。他目前担任美国公共电视网为家长制作的新电视节目的顾问委员会主席。

原著推荐序

对于《婴幼儿教师观察技能培养手册》第三版的面世，我感到非常高兴。作者安·E. 贝姆和理查德·A. 温伯格（Ann E. Boehm & Richard A. Weinberg）在前两版的基础上完成了这本富有洞见的、当前社会急需的、与儿童观察相关的著作。他们更新了之前的版本，增加了对婴幼儿教师、学前教育者和早期教育师范生更实用的观察技能的相关信息。他们总是心无旁骛地达成一个又一个目标——在这里指的是，提供一个观察的框架或创建一个框架去观察婴幼儿，并基于观察收集的信息去评估某个儿童。贝姆和温伯格指出，对所有的教育者来说，不论是实证主义者，还是人种志研究者，教育成功的关键都在于倾听、观察以及与学生互动。即使再多的具体课程的教授与方法训练也不能代替良好的观察技能以及在日常课堂活动中观察儿童的实践经验的总结。

本书为学习如何以系统的方式和儿童本位的取向来观察儿童提供了坚实基础。作者指出了关键但往往不被重视的一点，即对儿童发展的敏锐洞察力是可以通过学习获得的。虽然许多幼儿教育工作者一直在观察儿童，但我们仍可以从系统的观察技能中获取更多的有用信息。我相信这本书为我们批判性地反思自己的观察方法提供了重要基础。这本书还提供了非常必要的提示和练习，促使教育实践者构建一套程序来增加甚至改变其在与儿童互动时所使用的非正式观察方式。让读者能够反思自己对观察的理解并愿意修正它们，这正是这部作品的关键目的。

本书以学习者为本位的取向不仅能够指导我们如何与儿童互动，也能够指导我们如何以教育者的身份进行学习（这里的教育者包括所有从事与婴幼儿相关的工作并乐在其中的人，如提供家庭护理的育婴师、保姆、保育员、护士、社会工作者、家庭生活顾问、家庭教育指导师、家长以及教师）。本书以一种引人入胜的互动方式来写观察，既有用，又有趣。

作者还特别关注一些棘手的、反复出现的观察问题，并在书中提供解决方案。这些问题是所有观察儿童成长的人都无法逃避的，即使许多人可能对在教室、操场、家庭或实验室里玩耍的孩子进行过多年的观察和研究。例如，最令人头疼的问题就是如何观察一群孩子，毕竟，在幼儿园、托儿所，甚至家庭里都不止一个孩子。儿童间的互动为我们提供了唯一的窗口来了解和探究他们如何适应特定环境，以及何时与同学、兄弟姐妹或朋友等同伴发生冲突或产生社交困难。事实上，除了观察孩子们的互动之外，没有其他可替代的方法来评估儿童的社会和情绪情感发展。本书在小组儿童的观察与团队协作方面提供了很好的解释和案例。

另一个同样令人困惑的问题就是如何理解不同背景和情境下的儿童行为。儿童的行为并不发生在一个真空的环境中。我们所看到的以及儿童让我们看到的，都受其所在家庭和社区影响。事实上，我始终认为，如果不把孩子的发展置于一定的情境中，我们就无法真正理解儿童的发展。我经常会用"社区家庭中的儿童"这个短语，并且坚持认为"儿童"这个词是前面这个较长短语的缩写。本书作者确实把儿童的行为置于一定的情境中去理解，并且时时刻刻都敏感地意识到这一点。他们提出了一个重要的观点，即观察者在解释一个孩子或一群孩子的行为时，往往受到他们自己的人生观或教养观的影响。教育者需要开展批判性自我反思的一部分就是，他们所经历的世界可能与他们所观察的儿童的世界已大不相同。对多样性保持敏感且不对儿童的一系列行为过早地下结论的能力，是至关重要的。

总之，《婴幼儿教师观察技能培养手册》是一本非常棒的书，能为它作序，我感到非常荣幸。在给本科生和硕士生教授相关课程时，我会使用这本书；我们师生都从这本书中收获很多。我也希望你通过更密切地、更具批判性地观察孩子，积极反思你以前解释孩子行为的方式，在不断地提高自身观察能力的过程中获益。

珍妮·布鲁克斯·冈恩

前　言

历史上，自然主义观察技能一直是物理科学发展的核心，它有助于我们生成理论和建构有关物理现象的知识。社会科学植根于深厚的自然科学传统，通过运用系统的观察方法，我们打开了理解社会世界的窗口。观察儿童的技能一直是“儿童观察者”的工作基石。作为专业人员，他们致力于儿童研究、理解儿童发展及行为表现的背后原因。

为致敬儿童研究的传统，我们更新并出版了第三版《婴幼儿教师观察技能培养手册》。本版侧重于婴幼儿观察者所需具备的技能，这些技能包括如何在自然学习环境和课堂学习环境中收集客观的观察数据，以及基于观察数据来分析并提出恰当、有效的推断和行为指导策略。这本书基于一个前提，即观察技能是一名幼儿教育工作者在专业能力中不可或缺的组成部分。教育工作者是经验主义者，因此，当能够获得可靠的数据来支持教学计划、教育干预和后续工作时，他们才能最有效地发挥作用。

虽然观察被认为是获取信息、得出结论和产生想法的重要工具，但对于在课堂学习环境中如何有效地应用系统观察等诸多关键性问题，人们的关注仍十分有限。这本书的目的是为教育观察者呈现在婴幼儿教育的情境中开展系统观察时应考虑的关键环节，重点在于让读者能够“自制”有效的观察策略，而不是兜售“罐装”产品或课程，即“授人以渔”而不是“授人以鱼”。为了实现上述目标，本书设计了一系列的任务，让读者通过强化练习达到对书中所介绍的各种观察原则和程序的深度理解。附录中会提供这些任务的答案范例，以便读者将自己的答案与其他人的答案进行比较。

当前，从事幼儿教育工作的各类专业人员（如学前教师、特殊教育工作者、健康教育工作者、学校心理教师、社会工作者及其他致力于幼儿福祉的教育人员）获取各种观察工具的途径越来越多，但这并不能保证他们在培训中发展和强化自身的观察能力。

课堂学习情境中的儿童观察和个案研究中的儿童观察已经成为一些幼儿园教师和小学教师培训项目中必要的组成部分。然而，我们为婴幼儿护理师、实习教师、特殊教育者和学校心理学教师举办工作坊的经验表明，如果想要学会扎实的自然主义观察技能，那么就需要一个循序渐进的、以发展客观观察技能为目的的培训项目。这类课程可纳入师范生和其他专业学生的职前教育课程，也可纳入学前相关从业者在职和职后继续教育的培训项目。参与实地教育活动和观察实践能够有力地补充传统的学校课程，丰富师范生的经验，激发大家讨论有趣的议题（如观察在幼儿教育过程中的作用等）。课堂场景录像可以为他们在学习一些概念时提供必要的练习素材，具体涉及观察者的信度、形成行为类别的过程以及儿童解决问题的策略等概念。

跨学科的研讨会主要由团体负责教师、师范生、课堂助理教师以及学生心理辅导人员（如学校社会工作者和心理咨询教师）共同探讨观察技能，突出“团队”合作在婴幼儿课堂观察中的独特价值。通过分享彼此的观察数据，婴幼儿教师可以促进教育方案的优化。显而易见的是，通过将观察技能训练扩展到有效育儿的家长培训或讲座中，系统观察技能的价值可以延伸到家庭教育中。此外，在课堂和其他早期教育情境中邀请家长参与观察，会激发幼儿的社会交往行为。年龄较大的孩子也可以通过系统的观察训练而受益，并成为富有成效的观察者。

本版在原有版本的基础上进行了扩展和更新，重点仍然是培养读者在婴幼儿教育情境中的系统观察技能，扩展的内容有：

- 观察影响学习和行为的环境因素的具体步骤，以及适用于教育教学环境的环境观察量表的概述；
- 观察者理解儿童学习环境中的文化背景和语言特点的重要性；
- 观察在评估过程中的关键作用，包括观察在课堂评估中的作用（如基于课程的评估）；

- 观察的类型及相关实例；
- 对观察信度、抽样行为、记录方式、观察结果分析和效度的探讨。

本书设计了很多自我练习任务（含参考答案），有助于强化读者的观察技能。书中还有延伸的阅读资源和推荐的参考文献。除了前两个版本中由麦隆·帕皮兹（Myron Papiz）拍摄的原创照片外，本版中还增加了由明尼苏达大学雪莉·摩尔实验室的南希·约翰逊（Nancy Johnson）拍摄的新照片。

虽然本书面向的主要对象是有志于理解儿童、研究儿童的专业人员，但感兴趣的学生、家长，甚至老年照护服务工作者等不同群体的读者也会从本书中受益匪浅。

这本书的三个版本的写作对我们来说是一段非常有意义的经历。我们特别感谢米莉·阿尔米（Millie Almy），她为我们写这本书提供了最初的动力。自第一版出版以来，明尼苏达大学儿童发展研究所的拜伦·埃格兰（Byron Egeland）、埃尔娜·菲什豪特（Erna Fishhaut）、林恩·盖尔（Lynn Galle）和雪莉·穆尔（Shirley Moore）以及哥伦比亚大学师范学院的玛格丽特·乔·谢泼德（Margaret Jo Shepherd）和莱斯利·威廉姆斯（Leslie R.Williams）为我们提供了大力的支持和鼓励。约翰·斯韦兹（John Swayze）在第十章的写作中起到了重要作用。我们特别感谢珍妮·布鲁克斯·冈恩（Jeanne Brooks-Gunn）为本版作序。

我们也感谢在研究和教学中使用《婴幼儿教师观察技能培养手册》先前版本并提出建议和反馈的学生和教师，以及文字编辑助理珍妮特·伊（Jeanette Yee）。来自教师学院出版社的苏珊·利迪科特（Susan Liddicoat）和卡尔·尼伯格（Karl Nyberg）也对本书的出版做出了贡献。最后，我们衷心感谢在各种学习环境中的数百名孩子，正是他们让我们观察着、研究着、学习着。

安·E. 贝姆

理查德·A. 温伯格

目　录

第一章

观察技巧概述

在当今世界中，每个人都需要做出判断，评估形势，并在此基础上做出推论和决策，以指引我们的生活。许多决策和判断都基于我们对周边环境的观察所获得的信息。我们在不同的环境中进行观察，观察人们不同的行为方式。在日常的观察中，我们会看到个体之间的互动、互动的结果、互动任务的性质以及引发个体产生变化的物理环境。在不同的情境中，观察的过程能让我们获得必要的信息，以便进一步进行推论和决策。例如，在一般情况下，我们会这样做：烤牛肉的时候，当烤箱中的牛肉温度计显示“七成熟”时，我们就推断烤制该结束了（如果你喜欢口感鲜嫩的牛肉）。观察技能在我们生活中的各个重要领域都发挥着作用。

- 教练会仔细观看上一场篮球比赛的录像，来决定下一场比赛由哪些队员上场。
- 幼儿园教师在两周的时间里观察孩子的游戏模式，以评估儿童之间的互动现状与特点。
- 体操运动员观看另一名选手在平衡木上的比赛，观察外行人看不到的表演技术，列出一份自我提高的技术清单，并以此为依据在后期进行练习。
- 放射科医师为外科医生“阅读”CT[1] 结果，外科医生反过来使用观察的

---

[1] 是英文 Computer Tomography 的缩写，即电子计算机断层扫描。——译者注

数据，为患者确定适合的手术方案。

- 观鸟者、艺术家、气象学家、农民、钱币收藏家都通过自己独特的视角观察世界，并据此指导自己的行为、判断和决策。

一个人观察某个事件的精确程度取决于他（她）的兴趣、需求和过往的经历。大部分我们“看到的”或“没有看到的”都是因为日常的“看”是一种偶然的、无目标指向的活动。然而，系统的、科学的观察需要对事物或事件进行有目的的、有指导性的、持续性的观察。

学前教育中的儿童观察

为学前儿童和家长提供教育服务的学前教育机构 / 幼儿园，一直以来都是家长、教育工作者 / 幼儿园教师、心理学家、行为科学家、政治家和既得利益团体的辩论场。辩论的焦点在于儿童的真实需求、实现儿童个体化教育和发展目标的有效策略、不同教育课程的优势以及教育服务的替代方案等。相互冲突的政治观点、经济背景和社会压力使这些问题变得更加复杂。在这种充满动荡和争议的社会背景下，幼儿教育专业人士（包括幼儿园教师、园所管理人员和学前教育专家）在进行教育评估、解决日常问题、促进幼儿发展的教育活动过程中，必须更加慎重和客观。

观察技能的初学者容易低估系统观察的复杂性，在观察某个学习情境时，往往不能挖掘出有效的、丰富的信息。例如，一名未经培训的观察者进入幼儿园教室进行观察，可能会留下一份“5 分钟观察记录”，例如：

有个男孩在区角哭。

另一个孩子因小伙伴打翻了他的积木城堡而生气。

主班教师忽视了这两个孩子，而一个男配班教师则试图干预这两种情况。

教室看起来很拥挤。

活动中没有使用各类艺术材料。

在娃娃家里，几个女孩在玩角色扮演游戏。

另一名接受过系统观察训练的观察者则会呈递完全不同的“5分钟观察记录”。训练有素的观察者首先会设定观察目的为“幼儿园课堂氛围”，把所要观察的环境中的每个因素都考虑到，包括教室环境及其设置、儿童与教师的数量及其行为等，这些都是课堂氛围的重要组成部分。综合考虑各因素后，他们会从给定的观察时间段内进行抽样记录。这样的记录如下所示：

教室环境和人物

有15名孩子在场（7名女孩，8名男孩）。

有1名女主班教师和1名男配班教师（也许是一名实习的师范生）。

教室内设有各种活动区：美术区、娃娃家、戏水区、积木区、阅读区。

幼儿与教师的行为

墙上的绳子挂着8幅半干的画，它们应该是孩子们在早些时候完成的作品。

在4个活动区（除美术区外）中，至少有2个孩子在玩耍。

女教师此时在她的办公桌旁整理一些“书面资料”。

男教师（实习教师？）正在和区角里哭的孩子说话。

虽然从表面上，两名观察者的观察记录存在重叠之处，但可以很明显地看出，更全面系统的观察记录会给我们评估这所幼儿园的课堂氛围提供更有力的、真实的依据。具体分析两份观察记录，我们注意到：

- 第一份记录将观察的结果与判断混淆，给读者留下的印象是，整个课堂氛围是“不愉快的”。从第二份记录中则可以看出，课堂氛围是“忙碌的”，出现了一个“不愉快”的事件。
- 第二份记录更为全面，提供了更多关于人物和环境的事实信息。

- 第一份记录存在对该幼儿园艺术活动的主观“歪曲”或“曲解”；第二份记录则通过记录各种环境信息给出更有效的、可信的报告。

因此，虽然两份观察记录都提供了对幼儿园课堂氛围的描述，但第二份更系统的观察记录显然能为我们呈现一个更有效的、客观的情境描述。

系统观察法

本书的目的是为读者提供一个更为系统的方法来观察学习环境中的学前儿童。通过对观察技能的训练和对观察工具的深刻认识，读者首先能够更清晰地理解结论和教育决策都必须建立在坚实的观察信息的基础上。

就像精明的政治和经济观察者一样，学前儿童观察者也必须意识到个体的主观感受和直觉反应对观察过程存在“扭曲”的影响。不同个体对同一情况的感知往往不同，观察者的观察受到他们的发展水平、文化背景、以往的经历、对具体情况的理解以及个人偏见的影响。一般来说，观察更倾向于反映观察者个人以自我为参照的结果，这就会带着某种社会文化规范或偏见的印迹。举几个例子，将有助于大家理解这一点。

个人偏见

《华尔街日报》的一位读者指出，“这份报纸真是枯燥无味”；然而，另一位读者可能会觉得，“《华尔街日报》为当前世界的金融形势提供了令人振奋的信息”。

社会文化规范

当一个孩子被教师叫起来做活动练习时，他的眼睛看着地板。对这个孩子来说，由于他过去的经历，他觉得这样体现了对权威的服从和尊重。从教师的角度出发，孩子的这种行为可能被视为狡猾、逃避或心虚。

儿童发展水平的影响

发展心理学家皮亚杰研究发现，学前儿童在6—7岁前，会觉得其他人看到的世界都和他们一样。一个孩子以自我为中心的参照系，可能会认为另一个孩子看到的东西和他看到的完全一样，而不管另一个孩子在房间里的位置如何，甚至不会意识到这些东西在这个孩子的视野之外。

当需要了解某种情境时，受过训练的观察者会使用一种系统化的策略从观察环境中收集各种信息。观察者所关注的内容以及采用的观察模式都是由其提出的亟待解决的问题决定的。对于观察环境中的要素分类、观察对象及其行为活动，观察者需要事先精确而清晰地进行定义。

在收集和记录观察结果时，受过训练的观察者也会使用一种系统的方法，对观察情境进行抽样，同时反思可能存在的偏差。观察者在自然真实的活动情境中进行了充足的、客观的观察后，能够基于丰富且可信的观察数据，得出一个有效的推论。

本书呈现了一名训练有素的学前儿童观察者所应具备的各种观察技能。“眼见为实”，这个短语点明了观察在我们生活中的强大作用，但并未道出观察者不同所带来的巨大差异，比起盲目的观察者，训练有素的观察者的“眼见”更有优势，其所见之“实”也更丰富、更有效。

本书详细介绍了熟练使用观察技能的关键方法，包括观察问题的界定和设置、观察的记录和分类、观察的取样和记录方式、提高观察有效性的方法等。每章会提供观察练习的任务和相应的反馈，以切实有效地帮助课堂观察的学习者提高观察技能。

第二章

学习情境中的观察技能应用

本书的一个重要目的就是试图证明系统的观察技能可以在个体日常决策活动中发挥作用。虽然本书关注的主要是早期教育情境及对婴幼儿的观察，但是其介绍的观察技能步骤适用于所有的教育情境而不限于幼儿教育，而且我们借鉴了其他学段的教育情境和背景中的案例。本章简要概述了观察技能在儿童行为研究、教育过程以及课堂教学中的重要作用，为学习者理解观察技能如何有助于提高教师、心理学家、特殊教育者和其他教育工作者的效能，提供了一个解释视角。

观察作为探究的一种方法

从历史上看，客观的观察技能一直是科学家们在提出假设、发现科学规律和验证理论的过程中所用到的一种极为重要的方法。然而，这种技术的发展并非总是一帆风顺的。事实上，现代天文学的创始人伽利略（1564—1642），就曾因使用科学的观察法而受到教会的谴责。他建造了天文望远镜并观察研究了太空中的运动物体。他提出地球绕太阳而运行，这与当时社会公认的地球是宇宙中心的观点截然相反。在这种情况下，客观的观察数据与难以反驳的传统信念产生了直接的冲突。

植根于物理、生物等自然科学传统的社会科学，运用基于客观、可观察的数据而得出结论的方法，同样扩大了人类知识的范围。通常，这种观察技能用于研究者在实验室里控制各种条件的情况或研究者使用问卷调查、评定量表和临床试验技术的情况，是对实验人员操作效果的观察。

传统的实验方法强调人为地控制环境和条件，以便获得关于各种现象的知识（例如，癌症治疗的实验室研究、对儿童联想学习行为的研究、新课程对儿童掌握特定学科知识的影响研究）。实验者通常会提出这些问题：如果我们以一种特定的方式改变实验情境，那么会出现什么样的行为？这些行为与不同环境条件下发生的行为相比如何？我们常常忘记，对自然的“不变”环境的观察为实验室研究提供了动力，并刺激了假设、推测和研究想法的不断发展。另一方面，在实验室里的观察或以实验数据为依据的发现，往往需要在自然的情境中得到验证，其实验结果才能被接受。

相比之下，生态学的研究取向则强调观察的现象是在环境中自然发生的，而非观察者所操作和控制的。社会学家和人类学家，例如米德和帕森斯（Mead，1932；Parsons & Bales，1955），深入现场，实地收集数据，并利用观察结果对社会组织、文化因素对人类行为的影响，以及不同群体日常生活模式的本质特征等方面进行了大量的分析，加深了我们对人类社会行为的理解。心理学家们在探索自然环境（如家庭、社区或教室）中的个体行为时，也越来越关注个体及其所处环境的生态（Barker，1968；Barker & Schoggen，1973；Bronfenbrenner，1977，1979）。

巴克和赖特（Barker & Wright）在堪萨斯州中西部进行了非常有价值的研究，这项研究揭示了个体的自然行为与居住环境的关系，并提供了丰富的数据信息。《男孩的一天—— 一个个案的行为记录》（*One Boy's Day*：*A Sepecimen Record of Behavior*，1951）和《中西部及其儿童——美国城镇的心理生态》（*Midwest and Its Children*：*The Psychological Ecology of an American Town*，1955）作为经典著作，阐述了这种描述性的、自然主义的、生态取向的、非实验室控制条件下的方法如何有助于我们理解在真实的现实生活中复杂的、不断发展变化的人类行为。这些研究工作也向我们展示了观察者如何通过对一个个案的记载来准确地记录广泛的人类自然行为。这些研究结果反过来呈现出人类行为的维度，可以运用其他研究技术来对其展开进一步的研究。巴克和肖根（Barker & Schoggen，1973）进一步解决了一些概念和测量问题，这些问题对于研究环境和理解居住地与人类行为之间的联系至关重要。诸如此类研究解释提高了我们控制或预测人类行为以及改善生活方式的能力。

观察技能在儿童发展研究中的应用

最早对自然情境中的儿童行为进行系统观察所采用的方法是传记、日记和儿童行为的详录。这种对进行中的行为和活动的日记描述可以一直追溯到18世纪末，当时许多观察者用日记记录其孩子的成长过程。例如，瑞士教育家约翰·裴斯泰洛齐（Johann Pestalozzi，1746—1827）对3岁半的儿子的成长进行了大量的观察和记录。其他与此类似的“婴幼儿传记”出现在20世纪初，每一本都翔实地描述了作者观察到的每一个孩子的发展过程，作者一般是孩子的监护人或者亲属。虽然这些传记在提出关于儿童发展本质的假设方面很有价值，但由于是个体传记，它们的代表性和普遍性比较有限。此外，观察的结果往往缺乏系统性，甚至存在偏见和主观选择性（Scarr，Weinberg，& Levine，1986）。然而，让·皮亚杰（Jean Piaget，1960）和罗杰·布朗（Roger Brown，1973）通过对儿童详细的观察与记录，探索了儿童的认知发展和语言习得的过程，这两项研究成为现代人类发展研究的重要基础。探索人类从婴儿期到成年期的整个生命周期的发展研究，探索人类认知、知觉运动、社会和情感领域的研究，都是建立在这些先驱“儿童观察者”的研究基础之上的。

自20世纪70年代初以来，发展心理学家们较为喜欢把运用于自然栖息地中的动物行为研究中的行为学方法扩展到自然环境（如家庭、学校、操场等）中的儿童行为研究（Charlesworth，1978）。生物科学中的行为学研究强调植物和动物的自然环境以及生物体的相关结构和进化功能。麦格鲁（McGrew，1972）试图从鱼塘的研究情境转移到幼儿园环境，通过观察 3 岁和 4 岁儿童在自由玩耍的社会情境中表现出的行为特点来定义人类幼年时的行为模式。麦格鲁将重点放在观察儿童的行为模式上，如面部表情、手势、姿势和运动，试图将这些观察结果与先前对人类和灵长类动物的行为研究联系起来。

对亲子互动的观察包括对婴儿期依恋模式发展的探究，如玛丽·安斯沃思（Mary Ainsworth）的研究，为儿童发展研究者提供了另一个关注点（Ainsworth，Blehar，Waters，& Wall，1978）。为了帮助厘清观察法在人际关系研究中的适用范围，利顿（Lytton，1971）梳理了观察的层次结构，包括在实验室中对结构化互动的观察、在实验室中对非结构化互动（自由游戏）的观察和在家庭环境中进行的自然主义观察。这个层次结构反映出对收集观察数据的环境条件的不同控制程度。鲍姆林德（Baumrind，1968）强调，将从条件控制严格的实验室环境中收集的观察数据所得出的研究结果推论到儿童成长和社交的自然家庭情境中，人们必须对其推广度保持质疑。

在传统的人类行为生态学研究中，考德威尔（Caldwell，1969）提出了一种令人印象深刻的方法。该方法可以将观察数据转换为一种适用于计算机分析的数值代码，被称为“家庭环境测量法”（Home Observation for Measurement of Environment）（Bradley，1982；Caldwell & Bradley，1979）。考德威尔提醒，建构婴幼儿学习的复杂理论以及理解保育教育环境的模式，都需要基于自然主义的研究，即让儿童处于自然和自由的状态下接受观察研究。许多儿童发展研究和学前教育研究的学者也认识到让儿童“跳进实验室”的研究存在很多问题，并且越来越多地开展对自然状态下发生的儿童行为事件的观察研究（Charlesworth，1978；Landerman-Dwyer，Stein，& Sackett，1978；White et al.，1973）。

总之，许多儿童发展专家已经认识到，运用自然主义取向研究人类发展具有丰富性、有效性，充满生命力，这是实验室研究不具备的特点。如果研究计划周密、控制精细，那么自然状态下的观察可以使研究者获得非常科学且有价值的数据。此外，学者们还建议在实验室环境中进行更为深入的假设检验。因此，观察方法囊括自然主义观察以及基于实验室的观察，各种各样的观察方法之间是相辅相成、互相补充的，而不是对立的，都可以作为我们获得有效信息的途径。

教育教学情境中的观察

教育教学情境（包括课堂背景、课程设置和教学方法）一直是观察研究的焦点。备受关注的是自然主义观察方法在各方面的运用，包括理解学习环境对学生行为的影响、行为管理技术、心理教育评估、儿童发展达标评估、基于标准和课程的评估、专业课程和教师效能的评估等。

学习环境中的观察

众所周知，遗传基因和后天环境共同影响着一个人的发展。无论基因对个体的性格和行为产生多么重要的影响，环境仍是一个不可忽略的影响因素。一个在暴力虐待的家庭环境中长大的孩子，一般不如在温暖、充满支持的家庭氛围中长大的孩子具有适应力。此外，环境的变化也会引发个体行为的改变，这种现象被称为“可塑性”（Weinberg，1983，1989）。

那些想要深入了解儿童行为的人们越来越多地关注到儿童特定的学习环境。儿童所处的多样化环境对他们的成长很重要，包括家庭、托儿所、幼儿园、宗教环境或其他社区环境。

班杜拉（Bandura，1978）提出了一个交互决定模型。该理论模型强调，教育者要关注儿童个体与其所处的多样化环境之间的连续交互影响。这个模型的重要性已经被许多学者证明，这些学者分别是布朗芬布伦纳（Bronfenbrenner，1977，1979）、哈姆斯和克利福德（Harms & Clifford，

1993）、霍布斯（Hobbs，1978）、史密斯和康诺利（Smith & Connolly，1980）。布朗芬布伦纳（1979）详细阐述了环境与儿童性格、行为之间重要的相互作用。他认为生态环境结构就像一个层层嵌套的俄罗斯套娃，而正在发展中的儿童处于最中心的位置。孩子感知到的环境中的所有人和事都很重要。我们不仅要了解环境因素，还要了解环境因素如何影响儿童，儿童如何体验环境，反过来儿童又如何影响环境。哈姆斯和克利福德（1993）详细描述了影响幼儿园教育环境的多种外部力量以及影响儿童的周围环境。

快乐友善的儿童和孤僻易怒的儿童都会影响到他们的照顾者，反过来照顾者也会影响到儿童。沃纳和史密斯（Werner & Smith，1992）的研究很好地证明了儿童和环境之间的相互影响。他们对因环境因素而处于"危险"中的儿童（即处境不利的儿童），进行了一项长期的追踪研究。其中特别关注环境中影响儿童的风险因素，例如家庭经济极端贫困、母亲的受教育水平低下、长期忽视或不稳定及不安定的养育环境。然而，沃纳和史密斯在研究中发现，某些家庭中存在着重要的缓冲或保护因素。此外，他们的研究还发现，尽管有些儿童处境极其不利，但他们比其他儿童具有更好的心理弹性和适应能力。对于这些儿童，重要的保护性因素包括：与擅长表达关爱、兴趣的成人的经常性互动，良好的家庭结构和规则，具有一致性的常规要求，自尊的提升，具有支持性的关系（包括早期的亲密依恋关系），以及四年级学生应具备的有效的阅读技能。

儿童的有些行为特别容易受到所处环境的影响。儿童如何学习和使用语言就是一个典型的例子。因此，课堂观察者不仅应关注儿童本身，还应特别关注那些对促进儿童发展至关重要的环境特征。为了了解儿童在学校中的行为，观察者还必须注意与儿童有密切联系的家庭、教室、社区，甚至更大范围的活动区域的特点和要求。例如，儿童所在的家庭有什么要求和儿童在社区中每天能看到的无处不在的图景有哪些？图 2.1 显示了儿童和环境因素的相互作用，这些对观察者来说都很重要。

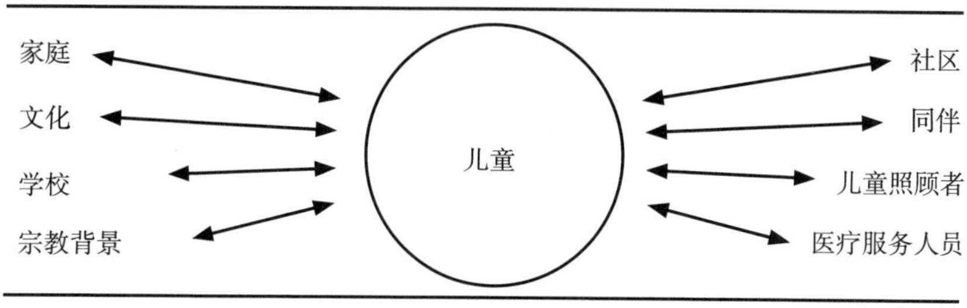

图 2.1　儿童与学习环境

需要观察者认真思考的儿童学习环境的重要特征（详见第五章）包括：

- 儿童所处的不同环境，包括家庭、社区、托儿所、学校和教会
- 重要他人，包括父母、兄弟姐妹、同伴、大家庭中的其他亲人、儿童照顾者（保姆等）、教师、教会人员及医护人员
- 物质环境及其与儿童的语言发展、文化背景和身体需要的联系
- 文化期望、口语表达和语言模式
- 规则要求和常规的一致性
- 家庭压力来源，如父母离婚、有吸毒或慢性疾病的家庭成员以及家庭经济极端贫困
- 学校环境的组织和教学要求
    - 提供的学习机会
    - 教学活动的组织
    - 教师指导的清晰度
    - 信息反馈的充分性
    - 常规要求的一致性
    - 语言模式与早期读写经验
    - 实践机会的数量和类型
    - 社会交往的机会

对儿童生活中的重要他人（包括父母和其他照顾者）进行观察，对儿童成长所在的自然且真实的环境进行观察，对全面了解儿童的生活环境十分

必要。

值得注意的是，在对孩子的了解上，家长堪称专家，他们可以提供有关孩子自理能力、运动发展、语言和认知能力以及人际交往的详尽信息。这些数据可以与教师的观察结果互相验证。重要的是，从家长那里收集观察信息也有助于加强家庭和幼儿园之间的合作关系。另一个重要的方面是，应当注意到儿童成长环境中的文化和语言特征以及这些特征如何影响成人的观察。关于这一点，林奇和汉森的研究提供了非常有用的参考（Lynch & Hanson，1992）。例如，观察者应仔细考虑如下问题：

- 他们将如何处理所选择的观察对象的文化背景和语言差异？
- 他们观察的是哪个文化群体的儿童？他们将如何解读这些儿童所反映的文化价值观？
- 群体文化如何教会儿童与成人及陌生人互动？
- 文化差异在多大程度上影响观察到的儿童及其行为？

观察者可以在心里列出一份清单。观察者会发现，当他们聚焦于某个特定的观察对象时，这样一份清单有助于他们解释很多环境因素对儿童的影响。这份清单具体如下：

- 家庭的组成和结构
- 影响孩子的家庭成员及成员之间的自然互动
- 父母对孩子在家里和学校里的期望
- 对孩子重要的学校之外的影响因素（保姆、同伴、邻居、医护人员及其他人等）
- 孩子可能经常在社区和家里看到的图像（标语、宣传画等）
- 支持儿童学习和自我概念发展的家庭互动和体验
- 文化价值观和期望
- 家长对学校的期望

最后，我们可以画出一张图来表示家庭和社区的环境因素对儿童发展的关键影响路径，可以用箭头来表示所产生的互动。贝利和坎特雷尔的研究为我们提供了环境因素的系统分析框架以及在设计干预方案时应考虑的环境因素的积极或消极影响（Bailey，1989；Cantrell & Cantrell，1985）。

采用系统取向法来分析环境因素与儿童特征之间的相互作用，可以通过多种方法来实现，而作为局外人的观察者运用编码系统进行直接观察则是最有效的方法。系统取向法并不完全适用于早期婴幼儿行为表现的所有方面，阿莱西、凯以及罗杰斯·沃伦的研究为我们提供了很好的参考（Alessi & Kay，1983；Rogers-Warren，1984）。

适用于早期婴幼儿的环境量表。为了更好地理解婴幼儿的教育环境，研究者开发了许多量表。这里将简要地总结几个常用的早期教育环境评估量表。

《教学环境系统量表Ⅱ》（*The Instructional Environment System-Ⅱ*，简称TIES-Ⅱ）。伊塞尔代克和克里斯滕松（Ysseldyke & Christenson，1993）开发了TIES-Ⅱ，其重点介绍了学龄儿童课堂环境的重要组成部分，包括教学材料、课堂管理、激励学生的方法和技巧、对学生的反馈、课堂实践机会，以及支持儿童学习的家庭环境的五个方面。TIES-Ⅱ是一种评分量表，量表的信息是观察者通过课堂直接观察、教师访谈和儿童访谈获得的。TIES-Ⅱ常用于描述被评估儿童的学习环境并为他们设计教学指导的干预措施，以及监测教学质量的变化。伊塞尔代克、克里斯滕松和科瓦尔斯基详细描述了合作指导干预过程的计划和步骤，在此过程中，评估团队（包括教师）设计了儿童在学校和家庭中的被干预措施，并提供和监控相关的替代方案（Ysseldyke，Christenson，& Kovaleski，1994）。

《幼儿学习环境评量表》（*Early Childhood Environment Rating Scale*，简称ECERS）。ECERS是由哈姆斯和克利福德研发，用于幼儿园环境质量的等级评定的量表（Harms & Clifford，1980），涵盖七个维度：儿童的护理方法、适合儿童的家具摆设与展示、语言和推理运用的经验、发展精细动作和大肌肉动作的活动、创造性活动、社会性发展，以及教师需求的满足程度（包括工作舒适性和专业发展需要）。这个等级评定需要基于 2～3 小时的观察和访谈来完成，最终形成一份教室环境质量评估报告，也可用来重新评估课堂环境改进后的效果。布莱恩特、克利福德和佩斯纳对该量表进行了修订，发布了适用于学前儿童的版本（Bryant，Clifford，& Peisner，1991）。同时，在 ECERS 量表结构的基础上，学者们修订了适用于各类婴幼儿教育机构环境质量评估的版本，包括《婴儿学习环境评量表》（*Infant/Toddler Environment Rating Scale*；Harms，Cryer，& Clifford，1990）、《学龄儿童学习环境评量表》（*School-Age Care Environment Rating Scale*；Harms，Jacobs，& White，1996）和《家庭日托中心环境评定表》（*Family Day Care Rating Scale*；Harms & Clifford，1989）。

《幼儿园课堂环境评量表》（*Preschool Assessment of the Classroom Environment*，简称 PACE）。PACE 是由邓斯特、麦克威廉和霍尔伯特共同研发的等级评定量表（Dunst，McWilliam，& Holbert，1986）。该量表涵盖了课堂环境的四个方面，包括课程组织、环境组织、教学指导和课程效果。评分基于 2～4 小时的课堂观察、教师 / 护理者的访谈和书面的材料总结。当 PACE 用于为发育迟缓的儿童制订干预计划时，教师 / 照料者还应该填写相应的《发育迟缓儿童教育需求评估表》（*Needs Evaluation for Educators of Developmentally Delayed Students*，简称 NEEDS；McWilliam & Dunst，1985）。该量表包含与 PACE 同样的条目，每个条目需要教师或照料者说明儿童所需要帮助的程度。

行为分析和管理中的观察

受斯金纳的传统行为主义学习理论以及社会学习理论（Baldwin，1968；Bandura & Walters，1963）的影响，针对解决学生在校行为问题和学习问题的迫切需求，学前儿童心理学家、特殊教育工作者和其他从事教育行业的专业人员开发了一系列适合课堂的操作性条件和行为管理技术。这些行为技术要求教育管理人员提高相关技能，包括系统地观察和分析教师与学生的课堂互动行为并进行适当地强化，加强与家庭中的父母等照料者的协作。

在这样的背景下，课堂强化行为的研究为我们提供了一个很好的例子来理解系统观察方法在课堂学习环境中的运用。教师的口头表扬和批评一直被认为能够有效地减少学生在课堂中的不当行为，增加学生的良好行为（O'Leary & O'Leary，1972）。教师认可和不认可的内容以及学生的特点对理解课堂活动很重要。怀特和比彻等人（White & Beecher et al.，1973；White et al.，1975）研发了一个有趣的量表，即《教师表扬和批评观察记录表》（*Teacher Approval and Disapproval Observation Record*，简称 TAD），方便观察者记录教师口头表扬和批评的模式，以及学生的人口变量信息及其当时的行为表现。

沃特斯（Waters，1973）运用 TAD 研究了一至三年级教师在口头表扬率和批评率上的性别差异。她发现，男孩和女孩所得到的口头表扬率没有显著差异，但男孩得到的批评率明显高于女孩。比彻（Beecher，1973）研究了幼儿园小、中、大班和一年级教师的口头表扬和批评模式，观察到不同年级的教师有不同的表扬方式，但有相似的批评方式。鉴于课堂强化行为的前景，此类观察研究对于理解教师现有的课堂强化实践非常重要。

观察也是婴幼儿行为评估技术的关键，可以帮助教师和家长更有效地处理诸如孩子的脾气暴躁、攻击性行为和多动行为等问题。行为评估与行为干预紧密相连。在行为评估中，观察会涉及一系列的步骤，包括在行为干预之前收集基线数据，跟踪干预过程中的行为变化，以及在干预期结束之后保持对儿童行为的记录，以确定干预措施的有效性、期望行为是否形成并保持。巴尼特和凯里（Barnett & Carey，1992）在《学前儿童学习和行为问题的干预设计》（*Designing Interventions for Preschool Learning and Behavior Problems*）一书中，提供了许多使用行为观察的干预设计方案。

有兴趣进一步研究这个主题的读者，可以参阅本书的参考文献，该部分列出了关于实施行为管理技术的精选书目。

观察与心理教育评估

幼儿的学习和行为表现是大多数幼儿教育工作者特别关注的方面。在与幼儿的日常互动中，教师需要不断地评估他们达到期望的学习目标的程度。观察是个案研究和教师自我评估的重要组成部分。阿尔米和金尼斯的《研究儿童的方法》（*Ways of Studying Children*；Almy & Genishi，1981），金尼斯的《评估儿童和课程的方法》（*Ways of Assessing Children and Curriculum*；Genishi，1992），科恩、斯特姆和巴拉班的《观察和记录幼儿的行为》（*Observing and Recording the Behavior of Young Children*；Cohen，Stern，& Balaban，1996），尼科尔森和希普斯特德的《透过镜子——幼儿课堂的观察》（*Through the Looking Glass*：*Observations in the Early Childhood Classroom*；Nicolson & Shipstead，1994），都非常详细地说明了如何将观察方法作为一个重要方法来评估幼儿教育环境中的儿童。观察一直被视为评估幼儿学习需求的主要工具，因为它聚焦于在自然情境中活动的儿童，而不是在正式的测试情境中面对不熟悉的任务的儿童（Bagnato & Neisworth，1992；Barnett & Carey，1992；Boehm & Brassard，2007）。此外，观察是探索儿童诸多行为的唯一途径，例如同伴间自然互动的特征、注意力的持续时间和情绪情感的特征。

全美幼教协会（National Association for the Education of Young Children，简称 NAEYC）和美国教育部早期儿童专家协会（National Association of Early Childhood Specialists in State Department of Education，简称 NAECS/SDE）于 1991 年在“3—8 岁儿童适宜性课程内容和评估指南”中提出了八项发展适宜性实践的关键原则。幼儿教师、家庭日托和幼儿托育中心的儿童照顾者以及幼儿教育专家都可以遵循这些原则。显然，基于观察的评估对于提供发展适宜性课程和干预、长期追踪儿童的发展变化极为重要。观察对于明确儿童在各行为领域的技能发展、了解儿童解决问题的方法和策略、了解教师和家长为鼓励儿童取得更好的表现所提供的支持和开展的活动，都是至关重要的。结合已有研究可知，观察是课程评估方法（与教学活动和目标直接关联的评估）和其他备选评估方法的关键所在，例如被认为最适合学龄前儿童的档案袋评估（这是一种系统地、持续性地对儿童的练习和作品进行收集和总结的方法）。

教师是儿童日常活动的主要评估者，能够基于自己的发现及时提供适宜的指导。除了有特殊学习需要的儿童之外，入学标准化考试或基于幼儿园成绩的小学入学准备考试等越来越受到大众的质疑。NAEYC 和 NAECS/SDE（1991）发布立场声明，建议不应使用测试的方式来确定幼儿的入学机会或入学准备情况，测试结果不应成为幼儿留级或转入学前特殊教育机构的唯一标准。评估的目的需要与课程的目标和内容相关，并且能为教师提供有用的信息来规划其教学活动、监测干预措施。观察对当前提倡基于生态的评估的最佳教育实践是必不可少的（Shapiro & Skinner，1990）。

当进行诊断性评估或者正式测试时，评估人员越来越意识到重要的几点：通过儿童生活中的重要他人来收集观察结果；描述各种环境和情境对儿童行为的影响；分析学习环境，以了解儿童需要怎样表现或改变才能获得发展。通过儿童生活中的重要他人来收集观察结果，可以从不同的角度获得一致或不同的信息。从不同的自然环境（家庭、学校、操场）中收集对儿童的观察数据，可以获得关于儿童处理日常情况的方法的丰富信息，了解他（她）在特定任务中解决问题的策略（Keogh，1972）。学校心理教师和特殊教育者与课堂教师、学校社会工作者和家长合作，可以观察儿童在课堂和其他场景中的同伴互动，从另一个层面观察儿童与他人的互动关系。这个过程隐含着将目标儿童的表现与其年龄和背景相似的其他儿童的相关行为特征进行比较，这些特征则是研究者通过常模数据和发展性追踪研究得出的。

在正式的测试情境中，观察是重要的信息来源，观察到的信息不仅可以验证或质疑学校心理教师、学习障碍研究专家、教师的研究结论，还可以提出其他关于儿童行为的问题。他们可以观察到手势、动作、表情和其他非言语行为，这些行为能够为纸笔测验提供有意义的补充评估数据（Alessi & Kay，1983；Baker & Tyne，1980）。观察到的行为信息包括儿童在评估中面对任务时的状态轻松程度、与测试者交流时的亲密程度以及对任务是否感兴趣。在对个体的测试和观察的评估中，有目的的观察可以帮助获得关于儿童的行为信息，具体包括：

- 完成任务所花的时间
- 做任务的方法——例如，面对困难的任务，儿童选择迎难而上、努力完成，还是选择放弃？
- 应答的速度和准确度——如，儿童回答问题是：
  - 快速地且准确地？
  - 快速地回答，然后改变答案？
  - 快速地回答，但只有唯一的答案？
  - 答题速度慢，但答题准确？
- 需要多少鼓励——如，儿童是否一直询问他（她）是否做得棒？
- 儿童的积极性水平——如，孩子是否：
  - 在座位上一动不动？
  - 在座位上坐立不安？
  - 偶尔离开座位？
  - 经常离开座位？
- 儿童经常主动发起的谈话以及在这些交谈中使用的语言
- 儿童的身体特征（例如孩子是否戴眼镜）
- 注意力持续时间
- 理解问题的能力

在面向一组幼儿的测试过程中，观察者可以记录以下内容：

- 不同幼儿完成任务所花的时间
- 对要求指令或保持坐在座位上有困难的幼儿
- 跳过困难任务的幼儿、把所有时间都花在某些任务上的幼儿、随意回答问题的幼儿、经常四处张望的幼儿

评估者分析、记录观察结果并将其与其他测试数据进行整合的技能是非

常关键的。一般来说，评估过程中的观察并没有采用系统的方式进行。大量学者（Glutting，McDermott，& Oakland，1989；Kaplan，1993）进行了研究，以确定测试期间的观察是否有用。他们的研究证明，评估人员对影响儿童智力测试成绩的行为很敏感，但这些观察结果并不能推论到儿童在测试情境以外的情境中，例如在课堂上的学习表现。因此，在正式测试中的行为观察应该被认为是一种直觉反应，需要在真实自然的情境中对儿童的行为进行后续观察。

对儿童问题解决策略和智力风格的研究受到了学者们的极大关注，大量学者选择在课堂以及可以反映儿童这些策略和风格的测试情境中进行行为观察（Bruner，Goodnow，& Austin，1956；Ginsburg，1987；Kagan & Kogan，1970；Keogh，1972；Kogan，1983）。这些课堂观察结果有利于评估者将教育干预措施与儿童的特质及其特殊教育需求相匹配。

观察技能特别有助于我们了解有特殊教育需求幼儿的学习环境和需求。例如，观察被安置在"主流"教室里的听障儿童或身体残疾儿童（即随班就读）的课堂行为，可以获得有关随班就读儿童适应学习变化的数据，判断调整后的教室环境与特殊儿童需求的匹配程度，以及融合教育的适宜性。部分研究者强调使用观察策略来改善特殊儿童的融合教育体验（Cantrell & Cantrell，1985；Dunst，McWilliam，& Holbert，1986；Gitler & Gordon，1979；Greenwood & Carta，1987；Kaufman，Agard，& Semmel，1985；Rogers-Warren，1984；Semmel，1975。以上列举的内容只是其中的几个例子。)。

此外，对缺乏自理能力或不缺乏自理能力但智力发育迟缓、情绪失调以及发展障碍儿童的适应行为进行评估也可采用一些成熟、可靠的等级评定量表和行为检核清单，如美国智力缺陷协会（American Association on Mental Deficiency，简称 AAMD）研发的《适应行为量表（学校版）》（*Adaptive Behavior Scale–School Edition*；Lambert，Windmiller，Cole，& Tharinger，1981），《文兰适应行为量表》（*Vineland Adaptive Behavior Scale*；Sparrow，Balla，& Cichetti，1984）和《学前儿童行为问卷》（*Preschool Behavior*

Questionnaire；Sattler，1988）。

例如，为有阅读障碍的儿童设计最好的教学方法或干预措施，常常通过一些非正式的诊断评估就可以高效地完成，包括直接观察儿童的口语阅读和安静阅读的行为。一位具有敏锐观察力的教师在课堂上就能够辨别出那些表现出阅读障碍症状的儿童，随之对他们进行系统的观察，并尝试各种各样的干预策略。这些数据可以为其他特殊教育教师设计进一步的干预方案提供基础。

在面对有特殊需要的儿童时，评估者可能会继续使用测试和其他恰当的策略（包括使用客观的观察技术）来评估特殊儿童的个体功能以及环境因素的作用，并制定相应的干预策略。从事心理教育评估的人会寻求自然情境下的行为数据来支持他们的假设和推论。事实上，美国联邦公法 94–142（Public Law 94–142），即 1975 年的《残疾儿童的教育法案》（1986 年通过的联邦公法 99–457 扩展了公法 94–142 规定的年龄范围；1990 年其再次扩展修订为公法 101–476，即《残疾人教育条例》），规定了可以运用系统的、自然主义的观察技术作为标准化测试的必要补充（Heller，Holtzman，& Messick，1982）。此外，在确定各种干预或教育措施的有效性时，学校专业人员需要根据被观察者外显的行为变化来做出结论，因此，他们已经越来越多地利用自然情境下观察的数据来证明干预方案的效果。

在整个评估过程中，教师起着关键的作用。为了评估他们在幼儿课堂和个别儿童中的独特影响，教师需要反思自己的教育实践（Hills，1993；Schweinhart，1993；Shepard，1994）。为帮助幼儿教师反思这一过程，这里提供一份幼儿教师 / 观察者的自查清单，如表 2.1 所示。

表 2.1　幼儿教师 / 观察者的自查清单

请根据你所在班级的教学环境特点，自我反思如下问题：
1. 我是否认为不同年龄阶段的幼儿有其相应的适宜性行为表现？我的儿童发展观的具体内容是什么？它们可能会如何影响我的教学或干预活动？
2. 我是否了解我所教的幼儿群体的文化特征？他们的文化背景可能会如何影响我的观察结果？
3. 我如何看待和我使用不同语言的幼儿及其家庭？我如何与他们互动？

续表

请根据你所在班级的教学环境特点，自我反思如下问题：
4. 我是否观察到幼儿对于任务指示的理解，并提供了进一步的提示或其他帮助？
5. 幼儿对我的提示和帮助（例如将任务分解成更小的子任务）如何回应？
6. 幼儿对我的鼓励及其他行为强化策略如何回应？我的强化策略是否合适？幼儿是否表露出自信？
7. 我用哪些方法来激发幼儿对任务的兴趣？这些方法是否有效？
8. 我是否调查了幼儿学习的策略和问题解决方法？
9. 我是否了解幼儿面临的家庭、学校、日托中心等环境中的不利因素和有利因素？例如，上述环境中是否包含具有规律性和持续性的常规？是否有固定地陪伴幼儿的成人？幼儿的语言交流环境如何？幼儿有哪些早期读写经验？
10. 我为幼儿提供了哪些学习活动？这些活动如何与幼儿的发展需要相匹配？

基于课程的观察与评估

系统观察技能的使用有利于设计与儿童现有发展水平相“匹配”的教育情境及活动，这一点尤为关键（参见：Bagnato & Neisworth，1992；Bloom，Hastings，& Madaus，1971；Shapiro et al.，1987）。观察对于制定教育目标、为个别儿童选择适当的教学干预措施、监测儿童发展、评估教学或特定干预行为的有效性非常重要。为了给每名学生提供相匹配的课程，教师在课堂上必须定期地评估儿童所显现的特定学习技能及其所处的水平（Boehm，1973）。目前，教育工作者越来越提倡用以观察为基础的替代性评估方法来取代学前儿童的标准化测验。这类替代性评估方法包括标准参照测试法、基于课程的评估法和游戏评估法。教师在评估过程中发挥着关键作用，包括记录、收集和整理儿童在各个主要发展领域内关于技能习得的观察信息。下面将简要介绍这些方法。

标准参照测试（criterion-referenced testing）是评估的一种方法，常用于竞赛之中。这种类型的评估方法所提出的问题通常是：“每个学生在多大程度上熟练地达到教育目标或某章的教学目标？”根据标准参照测试的定义可知，它必然与教学的目标密切相关。反过来说，这些教学目标必须用行为表现的术语来表述并被分解成大行为目标的子目标。另外需要考虑的一点可能是，评估儿童在不同情境中能否达到预定的教育目标。系统的观察是标准参照测试中重要的组成部分。例如，如果教育目标是评估幼儿自理能力的发展水平，那么有必要通过设计和使用系统的观察方法来界定自理能力的含义，思考在评估时要关注哪些自理能力，幼儿可能何时何地表现出哪些自理能力，以及评估每个幼儿自理能力的发展变化。

标准参照测试可能会被拿来与应用更广的常模参照测试做比较，后者的目标在于区分学生的成绩并做出预测。虽然两种类型的测试在教育情境中都有用，但二者在目的上明显不同。在常模参照测试中，一个孩子的分数会与其他孩子的分数做对比，但在标准参照测试中，孩子是与自己做比较的。与标准参照测试相关的有用资源详见相关文献（Gagné，1985；Glaser & Nitko，1971；Gronlund，1985；Martuza，1977；Popham，1971）。

基于课程的评估（curriculum-based assessment，简称 CBA）有很多种类型（参见：Shinn，Rosenfield，& Knutson，1989），它们与标准参照测试有许多相同的特征。基于课程的评估观察儿童使用课程相关能力时的进步。在学前教育阶段，CBA 可以选择共识所强调的幼儿发展目标或特定的课程进行评估。同样，这种评估所提供的信息有助于教师合理设定学习目标并追踪幼儿的技能掌握情况，尤其适用于根据幼儿发展的阶段特征而进行课程的编排（Neisworth & Bagnato，1988）。这类评估方式的一个优势是将课程、评估与基于评估结果的干预方案进行匹配（Bagnato & Neisworth，1992；Shapiro，1987）。从 CBA 获得的信息可以直接帮助教师——评估儿童已经掌握的教学内容，调整教学安排，以及设立新的教学目标。

然而，无论是标准参照测试，还是基于课程的评估，都没有涉及与儿童能力相关的因素，例如儿童解决问题的策略、儿童掌握某种能力所需要的成人引导和帮助的类型、反馈和强化的效果、教学时间的分配等（参见：Lentz & Shapiro，1986；Shapiro，1987）。

游戏对于学前儿童课程的重要性不言而喻，游戏的价值已被广泛认可。研究证明，游戏是儿童认知发展的不可分割的部分，反映了儿童思考和解决问题的方式（Piaget，1962），同时游戏是儿童能力发展的方法和途径（Vygotsky，1978）。维果茨基理论的一个重要的前提性观点是如果某个儿童无法独自完成某件事，那么他（她）可以在一个认知水平更高的人的帮助下，通过他人的示范和协助来促进其能力发展，从而成功地达成目标。这一概念也是“动态评价”的理论基础（Lidz，1991）。丰富且扎实的文献研究证明了游戏对儿童认知发展、社会情感发展、语言运用和身体运动发展的重要作用。因此，我们可以理解为什么游戏越来越被认为可以作为评估的手段，尤其适用于那些非英语母语和有特殊需要的儿童。对儿童游戏行为的观察可用于确定教学 / 干预目标并追踪儿童在这些目标上的发展与变化。虽然游戏评估法有许多形式，包括从自由游戏观察到高度结构化的游戏情境观察（Schaefer，Gitlin，& Sandgrund，1991），但是林德（Linder，1993a）已经开发了一种综合的游戏评估方法——基于游戏的跨学科游戏评估（Transdisciplinary Play-Based Assessment，TPBA）。TPBA 需要由一个团队合作实施，该团队包括家长和不同发展领域的专家。他们观察孩子在游戏活动的不同阶段与助教的互动。TPBA 提供了对儿童的认知、社会情感、语言交流以及运动发展的观察指南，有助于团队成员确定观察目标，评估儿童的能力发展和不足。TPBA 通过使用玩具来引发儿童的兴趣，并呈现自然的游戏任务情境，同时将玩具和游戏作为后期干预的手段。由游戏观察收集而来的信息可用于为相应的儿童制定干预措施（Linder，1993）。另外，TPBA 将游戏作为特殊儿童教育干预的手段，《使用支持性的游戏模型——对幼儿的个性化干预》（*Using the Supportive Play Model：Individualized Intervention in Early Childhood Practice*）一书对此有详细的说明（Sheridan，Foley，& Radlinski，1995）。

对替代性评估策略的利弊进行探讨不在本书的范围内。本书想要强调的是直接观察是替代性评估方法中的关键环节。

对课程和教学有效性的观察

系统观察已经被用于在课堂上收集丰富的信息，从而基于此来制定各种自然且有效的教学策略和措施（参见：Good & Brophy，1991）。本书无意对这些教学策略进行深度探讨，而是关注系统观察在研究课堂实践的有效性方面的应用，这些可能会让读者更加感兴趣。

弗兰德斯（Flanders，1975）开发了一个通过观察课堂中教师和学生的语言行为来分析课堂互动的系统。这个互动分析系统为职前和职后教师培训项目提供了研究基础，有助于教师发展和控制他们在课堂中的某些特定的教育行为。弗兰德斯的互动分析系统广受欢迎，这表现为关于教师效能的研究文献大量增加，这些研究文献都关注教师的课堂行为和学生的学业发展的关系（Good & Brophy，1991；Joyce & Weil，1972；Stallings，1977）。此外，古德和布罗菲（Good & Brophy，1991）提出了许多与课程有效性相关的可进行观察的内容：

- 课堂行为管理
- 激励策略的使用
- 学习的掌握
- 小组合作与合作学习
- 教学策略，包括提问和支架式教学，培养更高层次的思维水平和问题解决水平，为学生提供信息、资源和反馈，以及组织活动和布置任务

此外，有两位学者开发了布罗菲–古德双向互动系统（Brophy-Good Dyadic Interaction System，简称 BGDIS；Good & Brophy，1970），该系统用于记录和分析学生在多大程度上接受了教师的某些教育行为（例如提出的问题和反馈）。

了解观察方法在儿童研究、学习情境和教育过程中的重要作用后，我们将开始一一剖析观察过程的复杂性，并学习和掌握在学前教育情境中进行系统观察所需的技能。

第三章

观察的类型

我们在学习环境中的观察可以采取多种书面形式进行记录，包括从非正式的、定性的描述到定量的记录。具体的观察形式包括观察者记录他们所看到和听到的东西的叙事性观察方法（日记描述、逸事记录和样本记录）、基于判断的观察方法（如检核表和评定量表）和采用正式的观察计划表的观察方法。本章将简要描述这些可选择的观察形式，重点强调它们的用途和局限性。各种形式的观察方法都会受到观察者对儿童或家庭的先验性知识、个人偏见或先入为主的心理效应、已有经验以及对相关研究文献的理解等因素的影响。观察者之间的差异会反映在选择的观察情境、描述的精确度和引用（观察）结果等方面。

叙事性观察方法

日记描述

日记描述是最古老的观察方法，用来记录人类生长、行为和发展事件或具有里程碑意义的发展变化（Wright，1960，1967）。日记描述一直以来都被儿童的亲友、看护者及其他与儿童关系密切的观察者用来记录儿童的发展。简短的日记式记录以叙述的方式为主，可以是简单的日常条目式记录，也可以是全面详细的描述。仔细记录儿童在自然情境中的发展，可以为关于人类发展的假设提供强有力的数据基础，而这一假设也可以通过其他的实证方法（实验研究、田野研究等）进行探究和验证。

日记描述缺乏可靠性和系统性是一个潜在的问题。另一个问题是，日记描述几乎总是局限于一个主题，或者充其量是几个主题，这使得解释和概括变得困难。然而，定期的日记描述确实可以提供一种行为的连续记录，并可以帮助人们识别出其中有意义的儿童行为发展模式。许多独立的日记描述（例如儿童的语言习得），使人们对儿童语言的典型发展特点和普遍规范有更客观的理解。这些记录可以附有照片、视频和儿童作品的样本，以记录儿童发展中的行为。

逸事记录、现场笔记和日志记录

观察者可以对在任何场景中观察到的内容做简短的描述性总结或笔记。这些可以是儿童发展的里程碑事件，如“马里奥今天迈出了他的第一步”；可以是行为事件，如“玛丽在写我们班级的出游文章时很有热情”；还可以是重要的突发事件，如拳打脚踢或疾病发作。逸事记录可以是对重要事件的客观描述，也可以是对这些事件的主观陈述。许多人应该还记得学校记录中的“评语”部分，通常包括诸如“存在交际困难”或“课堂上活泼有趣”之类的逸事记录。这些评语会从一名教师传到下一名教师。在过去，负面记录可能会伴随一个孩子的整个学校生涯，也许会使接手班级的新教师对学生产生偏见。目前，许多州禁止将此类逸事记录纳入正式的学校记录。然而，教师仍然经常使用逸事记录。例如，当今许多幼儿园采用整体教学法教授孩子识字，这种方法要求教师记录每名幼儿在阅读和写作等教学领域的即时表现。当教师使用档案袋来记录孩子的发展及其掌握的技能时，系统地收集这些教师的课堂逸事记录尤为重要。

当逸事记录、现场笔记和日志记录是真实的叙述时，它们可以为儿童教育者提供丰富的有关儿童发展的描述性信息。教师、婴幼儿保育员、父母、医生或其他专家可以定期地（但大多数时候是不定期地）对儿童进行逸事记录，可以积累和保持儿童发展的“事实”记录。逸事记录的主体部分不包括导致突发事件的原因或突发事件的后果和影响（比如孩子发脾气）。观察者决定记录事件的选择、记录的时机以及记录的细节量。观察者可以选择对不寻常或意外事件进行记录。逸事记录往往会反映出观察者的偏见及其在文化和语言差异方面不够熟悉或经验不足。许多学者提出的逸事记录的程序或步骤可供大家参考，以帮助大家进一步理解和运用逸事记录（Cartwright & Cartwright，1984；Irwin & Bushnell，1980；Thorndike & Hagen，1977）。

关于逸事记录的技巧和策略可概括如下：

- 一份记录讨论一个突发事件
- 在事件发生后尽快记录，包括事件的日期、具体细节和事件的发生顺序
- 将解释性评论与事实性描述分开，可以设置记录表以便于区分
- 考虑增加支持性证据（如儿童作品的照片）
- 提供事件发生的情境信息

显然，尽管逸事记录和现场笔记可以反映出儿童的某些行为表现，如社交技能、适应能力、健康状况，以及在课堂教学活动中对教师指导的反应等，并且这是不易通过其他方式获得的，但至关重要的一点是，这些记录必须是对事实的报告，并且是对所关注的行为的追踪研究。还必须考虑到，所记录的行为对个体及其同伴是否具有典型性或代表性。如果脱离具体情境，那么逸事记录的重要性可能会被错误估计或放大；在具体的情境中，这些记录可以提供关于儿童行为的重要证据和解释、成功或不成功的教学策略，也可以丰富与其他专业人士和家长的讨论内容。

坚持为每个孩子做定期的日志记录非常有用。日志记录可以作为发展其他观察形式的来源，也有助于教育者理解儿童的技能和行为的发展。然而，对于一名教师来说，每天保持成百上千次的观察是一项非常具有挑战性的工作。教师和儿童保育工作者为此提出了一些建议，包括针对不同的发展领域

使用不同颜色的索引卡（Wright & Borland，1993；称为“值得注意的时刻”卡片），以及记笔记时使用简短的关键词，这些关键词在以后可以被转录成有意义的句子（Nicolson & Shipstead，1994）。作为教师，必须留出时间把收集到的关于每个孩子的逸事记录或现场笔记整理并归类到相应的儿童发展领域中。表 3.1 提供了一种可参考的逸事记录格式。

表 3.1　逸事记录的表格样本

幼儿：________　　　　观察者：________

发展领域	日期	环境背景	观察	推论 / 评论

样本记录

样本记录与日记描述密切相关且比较相似，但样本记录更倾向于“在选定的某些时间和某种生活环境的条件下，对行为序列的持续观察和叙事记录”（Wright，1960，p. 83）。观察者详细描述场景，并记录下他们所看到或听到的一切。这样，行为就在自然情境中被描述、记录，然后观察者对这些记录结果进行回顾检查和分析。样本记录的方法有助于记录发展或行为随着时间的推移所发生的微小变化。在《一个男孩的一天》（*One Boy's Day*，Barker & Wright，1951）一书中有一个典型的例子。这是一份样本记录，记录着“从早上醒来到晚上睡觉期间，一个 7 岁的男孩做了什么，他的家庭、学校、邻里和城镇的其他人对他做了什么”（p. 1）。8 名孩子所熟悉的成人观察者，在这一天中轮流记录所有可直接观察到的行为，包括孩子所说的话和身体动作。他们还记录了自己的印象。随后，观察者们对收集到的大量信息进行分析，包括对孩子的行为进行分类、识别行为发生的序列。

样本记录提供了对个体行为的全面描述，有助于确定一个人在特定的情景中可能呈现出的行为范围和类型。它们可以作为设计观察问题和进行结构化观察的基础和依据，并可用于详细的分析和量化研究。样本记录虽然非常有价值，但相当耗费时间，成本较高。录音和录像设备的使用，特别是录像设备的使用，可以提高这种观察形式的可靠性和完整性。值得注意的是，样本记录必须有附录信息，以描述儿童参与的环境和活动的性质。

在课堂上，教师可以进行简短的观察样本记录（通常称为连续记录）。例如，教师可以选择对儿童在交谈、绘画、写作、同伴互动等活动中所做和所说的一切进行连续记录。例如，下面是一个对参与指定阅读活动的儿童进行连续记录的例子，这可能会带来十分重要的见解。

关于连续记录的例子

主角：汤姆

场景：二年级教室，31 名学生

情景：学生们将独立完成一项阅读任务，这项任务要求他们阅读一个段落，回答黑板上的五个问题。

观察时间：10 分钟

观察者：朱迪思·扎克

汤姆把活页本放在腿上。他将课桌上的阅读器打开到合适的页面。课桌上凌乱地堆着其他的书和铅笔。

汤姆写了大约 2 分钟。他把黑板上的问题抄写下来，似乎在写完每一个特定问题中的每一个单词后盯着黑板看。他用了 2 分钟完成一个问题的抄写。

汤姆停止书写并开始玩桌上的胶带切断机。他撕下一段段胶带并贴在桌子里。他对自己说出这样的话：“哦，男孩。”当撕下一段特别长的胶带时，他说：“再来一段就好了。”在撕下最后一段后，他的确停止撕胶带了。“下一个问题是什么呢？”他看向黑板，但没有抄写。“哎哟！”他的拇指与食指捏着一小段胶带，食指又从胶带上滑过。

他再次写起来。（我提醒全班学生使用完整的句子回答。）汤姆做起鬼脸。他开始在课桌里寻找铅笔。他找到了一支，查看了一下，又丢回去，又找到了另一支铅笔和一块橡皮擦。汤姆花了大约 2 分钟的时间来擦去之前写在纸上的一切。他在清理橡皮擦屑时，大声说："哦，不，我把纸撕坏了。"

汤姆尝试使用胶带来修复这张纸。他撕下一段胶带，露出不太开心的样子——很明显，这一段胶带太短了。他开始撕第二段胶带，但却找不到胶带的撕口。他把手放到头上，再次努力地寻找胶带的撕口。他使用指甲刮胶带的撕口，对于这个过程，他花费了差不多 1 分钟的时间。

他有点沮丧地从活页本上撕下一张纸并用力地把它弄皱。他慢慢地把活页本放在课桌上，低下头，把双手放在课桌上，用力一推，让自己远离课桌。他站起来，向两侧伸展手臂，伸伸腰，看着我，拿着纸慢慢地走到垃圾桶旁。他把纸扔进垃圾桶，走向我所在的课桌，说："扎克老师，我的纸被撕坏了。"

汤姆返回自己的座位。他开始寻找铅笔和干净的纸。他像之前一样摆好活页本和阅读器。他开始在纸上写自己的姓名。

连续记录法有助于教师和保育人员详细描述儿童在各个发展领域的行为表现——语言、知觉、认知、运动、社交和情感行为，以及自理技能。这些记录是很好的数据来源，呈现了儿童在自然情境中表现出的行为范围，也为我们提供了以分钟为单位计算正在发生的行为的记录，帮助我们了解孩子在哪些方面获得发展，了解孩子应对日常任务的策略，以及了解教师与其他同伴对孩子行动的影响。

连续记录可以为观察者提出更加具体的观察问题提供依据，或者为制定满足孩子需求的个性化指导方案提供依据。连续记录有助于观察者在给定的情境中观察儿童表现出的各种行为或者完整的行为过程，并及时对这些观察结果进行回顾。连续记录不仅可以让观察者洞察发生了什么行为，还可以让观察者洞察行为发生的背景以及行为的序列，包括行为的前因与后果。这种方法可以让观察者将注意力聚焦于单独的个体，并提供机会让观察者提高对孩子行为的敏感度，敏锐地意识到孩子以前可能未被发现的某些行为。连续记录可被用来帮助我们理解儿童的行为——口头语言、跟随指示、注意力广度、精细运动控制、任务完成、人际互动和早期读写。

持续一段时间的连续记录有助于教师形成有特定行为信息支持的推论。比如，蒂尔（Teale，1990）指出，教师的观察对于追踪儿童早期读写能力极其重要。在小组阅读故事书的过程中，教师可以每天关注一两个孩子，并注意诸如对任务的注意、对关键情节的回忆、对故事的理解和参与等变量。连续记录也非常重要，可作为制定观察检核表、等级评定量表和观察系统的初步步骤。

连续记录法也存在不足：①要求观察者长时间保持注意力高度集中，导致观察记录难以维持；②观察者无法足够快速地书写，无法记录观察对象的所有行为。虽然录音或录像设备的使用解决了这些问题，但会引发其他的问题（详见第十章）。然而，通过录音和录像并转录这些观察片段，观察者可以追踪随时间的推移而变化的发展模式（例如使用单词或句子，以及使用手势来表达需求等），并决定下一步的教学或干预步骤。

为了便于连续记录的收集，你可以：

- 制作一个表格来帮助你按顺序进行追踪观察。例如，如果你对某个儿童在某项任务中的坚持时长感兴趣，那么请以分钟为单位进行记录。
- 准确记录情境中发生的行为内容，包括儿童所说的、所做的，同时包括具体的情景。使用客观、精确、描述性的词汇，以便你或其他读者可以准确理解发生了什么（包括事件的细节和顺序）。
- 提供情境背景信息的描述，包括谁在现场，儿童的行为指向谁，现场的材料或使用的材料，以及正在发生的事情。

- 记录活动发生变化的时间和变化是如何发生的。
- 尽量在记录完成后尽快对记录进行分析。例如，对孩子的关键行为、教学行为或其他的相关事件用下划线标注并进行统计。

表 3.2 为常用的连续记录表格，可供参考使用。

表 3.2　连续记录表格

孩子：__________　时间：__________ 日期：__________　活动：__________ 观察者：________
情景描述：
连续记录观察： 时间：　　　　评论：
________ ________ ________ ________ 解读 / 预测：

基于判断的观察方法

与日记描述、逸事记录和样本记录不同的是，检核表和评定量表需要观察者做出判断。

检核表

检核表包括一系列的目标行为，通常这些目标行为都会被标记上“存在”或“不存在”，其他的行为则被忽略。因此，检核表是一种基于观察者的即时判断的二分法评级形式。然而，关于行为质量的详细描述信息却很少出现。教师越来越多地使用检核表来追踪不同环境和时间段内孩子的兴趣和行为的发展（检核表通常是符号系统，这是第六章将讨论的一个主题）。检核表很容易操作，因此，在儿童早期评估中被广泛地使用。检核表可以通过商业途径买到，教师也可以自己制作。教师可以一边观察孩子，一边填写检核表，但更多的时候，教师是在事件完成之后，“事后”根据记忆填写的。检核表的一个优点是可以由多个人完成，所有人的观察对象都是同一个孩子，从而提供具有相似性或差异性的信息（这也是一个重要的效度检验方式）。

检核表可以帮助儿童保育工作者、家长和教师了解孩子的各种行为，如自理技能、表达性语言和精细运动技能。为了制作一个有用的检核表，目标行为必须事先被明确地定义，并列于表格中。检核表的有用性取决于它是否包含所有可能的关键行为（Fewell，1984）。为了生成有效的检核表，必须先进行任务分析。这就要求表格的制作者提问：“孩子需要做出哪些行为，才能说明其具有穿衣方面的自理技能？”“具体来说，在什么条件下孩子的这些行为可以被证明？”“孩子需要怎样的成人支持才能成功？”通过这种提问的方法，许多复杂的行为领域（如同伴关系或任务导向的行为）都可以被分析（分解成多个组成部分并有体系地按层次组织）。因此，检核表可以反映教师的课程或行为目标，并帮助观察者聚焦观察对象。此外，观察者可以同时使用多个检核表。

下面将列出一些检核表以供读者参考。这些检核表对于儿童的发展性评估和基于绩效的评估不可或缺。

《儿童能力检核表》（*Child Skills Checklist*；Beaty，1993）是为教师在课堂中使用而设计的。《儿童能力检核表》涉及以下领域：自我认同，情感发展，社交游戏，亲社会行为，大肌肉发展，精细肌肉发展，思维发展，分类与序列化，认知发展，数字、时间、空间、记忆，口语，书面语言，艺术技能，想象力。在儿童的每个发展领域的类别下都列有典型的课堂行为。教师根据检核表检查他们观察到的孩子在这些条目上的日常表现，并附上日期和支持性证据（列举具体例子）。比蒂（Beaty）对每个发展领域的教学活动都进行了详细的说明，以确保检核表和教学行为之间存在明确的联系，便于教师在课堂中使用。

《夏威夷早期学习评估》（*Hawwaii Early Learning Profile*，HELP；Furuno et al.，1979）提供了一个框架图以展现婴幼儿在六个领域的能力发展：认知、语言、大肌肉运动、精细肌肉运动、社会性和自理。这个检核表是针对 0—3 岁婴幼儿设计的综合评估工具，可以将评估信息整合到干预计划中。

《儿童作品取样系统》（*Work Sampling System*；Jablon，Marsden，& Meisels，1993）包括三个互补的组成部分：①儿童发展的检核表及使用指南；②儿童作品集；③由教师完成的总结报告。这个评估工具适用于 3 岁至五年级的儿童，并且详细描述了有助于儿童达成发展目标的学习行为表现。详见书籍《观察儿童读写——有特殊需要儿童的观察记录》（*Watching Children Read and Write*：*Observational Records for Children with Special Needs*；Kemp，1987）。这本书可以帮助教师聚焦于儿童读写相关的具体行为。

遗憾的是，并不是所有的检核表都很详细或采用任务分析取向。大部分的检核表是肤浅的，往往只提供少量的行为样本，这意味着观察者需要自己仔细审查检核表的潜在内容，思考通过检核表所获得的信息是否充分。有些检核表存在的问题与偏见和选择性等有关；有些检核表可能反映了某个特定的理论或文化视角，这就导致将其运用于观察情境时可能产生带有偏见的观点。最后，检核表往往只会关注儿童行为产生与否，无法提供行为的程度或频率的相关信息。有些检核表为详细的叙述性记录提供了空间，能够帮助使用者评价所观察到的儿童行为表现的范围或程度。

在教学活动场景中，根据观察者的目的，可为每名儿童或整个班集体制定检核表并长期保持记录。表 3.3 是检核表的通用格式，能够为教师制作班级检核表提供参考范本。教师在制定自己的检核表时，应遵循许多必要的固定程序和步骤。关于如何开发合适的观察系统在本书的后面有详细的介绍。

表 3.3　检核表的通用格式

行为	日期	情境	评论
列出具体的行为	观察日期	描述具体的情境	思考、行为强度的笔记等。

简而言之，当考虑使用检核表时，观察者必须遵循以下步骤。

（1）审查检核表，确定表中所列条目是否足够清晰，是否足够充分、详细地涵盖自己感兴趣的内容领域，从而能够追踪儿童的发展和进步，并制定有意义的教学目标或进行行为干预措施。

（2）练习使用检核表，假如有可能，最好有一个共同观察者一起进行观察练习，以确定所做出的判断是否适合当时的情境，同时确保另一个观察者注意到了相同的行为范围。然后与共同观察者讨论观察结果的异同点，并进行相应的改进和修正。

（3）考虑儿童呈现出的特殊需要和表现，例如听力受损的儿童或来自不同文化群体的儿童可能会表现出的行为，并判断这些行为在目前使用的观察工具中是否能够反映出来。

（4）考虑与儿童的功能性表现相关的重要行为和问题，比如师幼互动、材料的适宜性以及与环境有关的问题。

（5）思考检核表的支持性证据或研究基础，例如表格的信度和效度数据及相关应用的研究结果。

评定量表

评定量表关注儿童特定的行为，并由观察者判断这些行为表现的程度。绝大多数已出版的评定量表都需要观察者根据总体印象进行判断，通常用于评估个体的个性、社会适应性或身体运动发展的情况。虽然观察者可以在观察儿童行为的同时进行评分，但通常情况是观察者根据过去的观察结果进行总体评分，并且在儿童不在场时完成评定。评定量表可以使用数字或描述性短语（详见表 3.4）。

表 3.4　评定量表的格式样例

A. 用从低到高排序的数字对儿童的目标行为进行等级评定，例如：

很容易与同伴相处				与同伴相处有困难
1	2	3	4	5

B. 关于态度的描述性短语，例如：

是否注意教师的指示

______	______	______	______
相当注意	一般注意	经常分心	相当分心

C. 在学习表现方面的特定品质或目标，例如：

______	______	______	______
无法打印出姓名	只能打印出字	打印出姓与名的首字母	打印出姓名

《高瞻课程的儿童发展观察评价系统》（*High Scope Child Observation Record*，简称COR；*High/Scope Educational Research Foundation*[1]，1992）就是一个评价量表。COR 被开发以应用于学前教育阶段幼儿发展状况的评估，尤其适用于那些使用高瞻课程的机构（Hohmann，Banet，& Weikart，1979）。运用 COR 的教师，需要对幼儿在六个发展领域的行为表现进行简要的观察记录。当对幼儿的行为进行各个条目的等级评分时，这些观察记录会被作为依据。

尽管评定量表无法表明儿童产生行为的原因，但可以帮助我们描述或精确定位儿童特定的行为表现。观察者必须对儿童的行为做出简要判断或提供数字评级。偏见和缺乏足够量的观察会影响观察者的判断和评分，特别是在仅仅使用数字分值或宽泛的描述语句的情况下，或者儿童的目标行为无法

[1] High/Scope Educational Research Foundation，指高瞻教育研究基金会。——译者注

直接被观察到时，因而需要观察者做出一些推断。例如，当观察者做出表3.4“B”中所要求的判断时，就会面临上述挑战。对于使用有中值分数的评定量表，如表3.4“A”所示，观察者也必须小心谨慎。当使用这种类型的评定量表时，观察者会倾向于在中点进行评分，并避免极端的判断，即选择中值分数，这样容易产生中心趋势误差。

克林格（Kerlinger，1973）认为，等级评定量表特别容易受到各种偏见的影响，例如“晕轮效应”（观察者受过去正面的经验或印象的影响而做出偏向积极的评价）、严格误差、宽容误差和趋中误差（详见第七章）。克林格还指出，“‘晕轮效应’极难避免，而且似乎在那些没有明确定义、不容易观察到、与道德关系密切的特质的判断上尤为突出（p. 549）”。当某些行为出现时，观察者通常希望以“疑罪从无”的态度来宽容地评价儿童。相对于日常的课堂评价，当等级评定量表被用于儿童发展评估时，这种晕轮效应会更为严重。

然而，评定量表的优点是易于使用，适用于各种各样的情况。它们有助于观察者集中注意力，特别是当量表上的点能被儿童的行为表现定义时——每个点越可观察、越精确，那么评定结果的客观性则越强。重要的是，我们要意识到等级评定量表的局限性与不足。值得注意的是，评定量表不会显示儿童行为表现的原因，也不会建议下一步教学或干预活动的形式。基于等级评定量表的优点及其易用性，我们提出三个注意事项：第一，重要的是，评定必须基于对各活动的足够数量的观察，以得出有效（而不是表面）的判断。第二，观察者必须注意到，许多等级评定量表并没有明确规定具体的行为，因此观察者应该关注自己的敏感性、对文化差异的了解以及评分时可能的偏见。第三，对观察者的挑战在于他们对于儿童发展知识的掌握程度，包括儿童发展的平均表现、典型特征以及儿童行为表现差异的正常范围等。

关于使用检核表的详细步骤也同样适用于评定量表。在考虑使用现成的等级评定量表时，重要的是观察者要仔细审查量表的支持性证据，例如信度数据和效度的相关研究，并考虑使用量表所需要的培训及其对教学或干预计划的作用。对评定量表的审查与选择，详见《行为评定量表——使用和发展的问题》(*Behavior Rating Scales*: *Issues of Use and Development*; Elliot, Busse, & Gresham, 1993)和《选择和使用幼儿评估量表》(*Selecting and Using Early Childhood Rating Scales*; Elliot, Busse, & Gresham, 1993; McCloskey, 1990)。

如果要依据评定量表的结果做出重要的评估决定，例如对转诊儿童进行深入诊断，那么这个结果需结合其他形式的评估（如直接观察或临床访谈等）进行再次确认（Elliot, Busse, & Gresham, 1993）。

正式的观察计划表

开发正式的观察系统是为了帮助观察者使用系统的特定步骤和记录表来收集和量化观察信息。遵循这些步骤使观察所获得的信息更易于管理和分析。有效的观察系统包括：

- 行为的分类系统或标志系统（明确地定义目标行为，并详尽地说明所要观察的行为表现）
- 行为抽样的方法，如时间取样或事件取样
- 标准的记录表格
- 检验信度的步骤
- 信度和效度的相关研究

观察者在每个观察单元（即一个观察时间片段，例如每30秒或每分钟）中统计或标记各目标行为的发生及其频率。如果观察的目标行为是互斥的、不重叠的、定义准确的（见第六章），并且观察记录程序的说明清晰，那么这个正式的观察系统就是有效且可靠的，并且有利于观察数据的量化分析。这种观察系统的开发正是本书的重点。

正式的观察系统有诸多优点。它们可以用于深入了解儿童社会行为和学

习行为的许多方面；也可以被长时间地反复使用，用以评价儿童的技能发展、教师的教学有效性或其他形式的干预的效果。此外，运用已经出版的观察系统有助于促进使用相同系统的观察者之间的交流（Bramlett & Barnett，1993）。

使用正式的观察系统并不能避免所有的问题。观察者的注意力有可能集中在目标行为或事件上，从而错过其他重要的行为或无法捕捉到一系列连续的行为。此外，在使用正式的观察系统前，观察者需要进行相应的观察培训。尽管正式的观察系统有这些局限性，但其可以对大量的可观察的目标行为进行精细而有效的记录。（查找现成的且合适的观察系统并不容易，本书的参考文献可为读者提供许多有用的资源。）

在课堂情境中，每种形式的观察都有其独特的作用。通常可以把一种以上的观察方法以互补的方式进行组合使用。例如，在解决一个特定的观察问题时，样本记录、检核表、正式的观察计划表可以在不同时段先后使用。重要的是，要密切关注儿童生活中的关键他人，通过多种方法收集信息来全面了解儿童的行为。从多种来源收集的各类信息将为制定有效的教育干预策略和适当的教学规划建立坚实的基础。事实上，掌握并灵活运用一系列的观察技术是成为熟练的幼儿观察者的标志。后面的章节讨论了观察的有效性、可靠性和行为的抽样方法等议题，它们同样适用于本章讨论的多种观察方法。

第四章

观察中的选择性

观察者在执行具体的观察任务时应该做到客观，尽量使个人主观性的影响最小。然而，很明显的是，个体的主观性总是一个不可避免的因素。我们会主动关注某些事情或活动而忽略其他的事情或活动，这就是主观性的体现。在特定的情景中，我们不可能同时观察到所有的事物；当专注于某一种情景的某些特征时，我们自然会忽略该情景的其他特征。为了认识到自己在观察情景中的主观性，你可以尝试做以下任务。

任务一：观察你当前所在的场景

观察你所处的场景，并使用表 4.1 的任务一练习表来记录你的观察结果。如果其他人和你在同一个教室里，请他们一起做同样的任务。按照行为的实际发生顺序记录观察结果。将任务的时长定为 5 分钟。

然后将你的观察结果与其他人在相同场景下的观察结果进行比较。在此比较中包括：

（1）观察结果（你和其他人选择观察的内容）；

（2）你的观察是按什么顺序进行的，将你的观察顺序与其他人的进行比较。

然后思考以下问题：

（1）你是如何选择观察内容的？

（2）你有没有采用观察策略来观察场景？如果有，这个策略是什么？

（3）任务的表格是否影响你的观察内容？

表 4.1　任务一练习表

观察你所在的场景（限 5 分钟） 场景信息：＿＿＿＿＿＿ 时间：＿＿＿＿＿＿ 观察者：＿＿＿＿＿＿
观察顺序 1. 2. 3. 4. 5. 6. 7. 8. 9. 10.

附录中给出了一组由三名观察者在同一场景下所做的观察的示例。你可以把你的观察和这些示例进行比较。

虽然你可能注意到三名观察者在观察同一场景时有些相似的记录，但是这主要说明了观察者进行场景观察时的可选择性，不同的观察者在观察内容以及观察顺序等方面都有所不同。

观察的主观性

现在可以很明显地看出，即使在相同的场景和同一时间点，由于观察者的选择不同，可能会产生迥然不同的观察结果。观察时带有的选择性和主观性反映了我们的多种心理因素，例如以前在这种场景中的观察经验、观察的态度和立场、瞬时的感觉和情绪，以及可能已有的观察目标行为的分类等，这些都与我们的兴趣和职业相关。

例如，当一位幼儿教育专家在朋友家观察到朋友的孩子玩拼图游戏时，该孩子的行为很可能会被这位专家拿来与他在过往阅历中所知的儿童发展特征进行比较。

任务二：超市场景中的观察

请你对超市场景的照片（见图 4.1）进行观察，可以尝试从超市经理的角度进行观察，然后从购物者的角度进行观察。同样，每次观察的时长限定为 5 分钟。在表 4.2 的任务二练习表上记录观察结果。

图 4.1　超市

表 4.2　任务二练习表

超市场景的观察	
按顺序观察	
超市经理	**购物者**
1.	1.
2.	2.
3.	3.

续表

超市场景的观察	
按顺序观察	
超市经理	**购物者**
4.	4.
5.	5.
6.	6.
7.	7.
8.	8.
9.	9.
10.	10.

接下来，比较两种视角下的观察内容和顺序。思考：①它们有哪些相同，又有哪些不同？②为什么你认为会存在这些差异？

当然，超市经理和购物者观察超市的不同视角会影响观察结果。经理对超市的服务质量和顾客的满意度感兴趣，关注顾客的数量，购物车中商品的数量和类型，架子、柜台和过道的整齐度，展品的新鲜度和流动性，以及员工的工作效率和工作投入状态等。购物者可能会将观察重点放在超市商品的种类和价格上。与经理一样，购物者也会对商店的清洁度、过道的整齐度、农产品的新鲜度等感兴趣，只不过二者的出发点不同。此外，我们的需要和价值观也会影响我们的观察内容。

在超市内进行观察，可能产生其他的问题，例如：人们购买什么产品？有多少顾客在购物时拿着购物清单？在不同的时间段，商店里有多少顾客流量（所有进入商店的人）？

在观察中力求客观

任务一和任务二的练习为我们展示了观察者的选择性。这种个体的选择性是自然的，因为人们的感知过程需要选择性。但当为了做出某个决定或得出结论而进行观察时，观察必须客观且聚焦。这样我们的观察才是有目的且明确的。因此，必须考虑“观察时将要关注什么内容”和“为了什么目的而进行观察”等问题。对这些问题进行澄清会大大增加观察的客观性。下述指导原则能够帮助你区分客观观察和主观观察。

- 客观观察（观察者一致赞同的要素或细节）：
  - 物体的颜色
  - 物体的相对大小
  - 实际发生的行为事实（但不解释此行为）
  - 房间里椅子、桌子、窗户等的数量
- 主观观察（其他观察者可能不赞同的独特看法、偏见或个人观点）：
  - 个体感知到的状况的陈述，如“这个房间是热的”（别人可能觉得不热）
  - 房间的环境布置非常有格调
  - 某个场景中人们的个人特征，如“她看起来很漂亮”

可能有另一种极端的情况，就是对客观性的追求到了荒谬的程度：“房间的墙壁被漆成浅黄色，刷 #428 ACME[1] 不透明漆，房间里的温度是 22.4℃。”在大多数情况下，这种精确是不必要的。

任务三：区分客观观察与主观观察

回观你在任务一中所做的观察记录，结合上述的指导原则，思考你的哪些记录传达了具体和客观的信息，哪些记录涉及主观的观察。在练习表的页边空

1　一种漆的型号。——译者注

白处给你的每一条观察记录或解释贴上“客观的”或“主观的”的标签。如果你的观察结果偏向于主观范畴，那么表明你天生倾向于主观地看待事物。记录主观的评论是没有错的，但是需要意识到主观性的存在，因此这体现在使用特定语言的描述上：“今天我感觉很冷”而不是“今天冷”。

观察者面临的另一个主观性挑战是，从单一且不足够的观察中做出推断或得出结论，这些结论很可能是经不起推敲的。例如，如果你注意到坐在你左边的一个女孩看起来很开心，而你实际上看到的只是一个脸上带着微笑的女孩，那么只根据看到的微笑，你可能会得出不恰当的结论，忽视隐藏在微笑背后的蔑视、不适或无聊等。

观察者在场的影响

请看图 4.2 和图 4.3 的教室照片。这两张照片说明了在自然的观察情境中，局外观察者的存在对儿童正在自然发生的连续行为产生的影响。在这组对比中，观察者使用了相机：第一张照片（图 4.2）是观察者一靠近教室就立即拍摄的；几秒钟后，当观察者（带着相机）站在教室门口时，他拍摄了第二张照片（图 4.3）。图 4.3 中右侧穿条纹衬衫的孩子显然已经对观察者做出了反应。这说明了摄影师或任何局外观察者的存在都会影响儿童的某些行为表现，这些行为是在观察者所关注的自然情境中正在发生的。

然而，研究者注意到，一般来说随着时间的推移，局外观察者的存在对小学生的行为影响趋于减弱（Masling & Stem，1969）。鉴于此，如果观察者在环境中是新入场者，那么在进行系统性观察或根据观察得出结论之前，观察者应提前几天进入观察现场。

图 4.2 学校教室

图 4.3 摄影师进入教室后

做出推论

到目前为止，我们的重点一直是强调客观观察。然而，对客观观察的强调并不是要否定在观察过程中根据结果解释并进行推论的重要性。推论可以产生想法——假设可由其他证据进行验证，产生创造性的问题解决方案。因此，基于各种观察数据（比如一段时间内的面部表情和对话内容）的分析，可以得到对观察对象的推论（“琳达似乎是个快乐的孩子”“迈克尔似乎是个聪明、适应良好的孩子”），得出某些结论或者指导我们在课堂、工作、家庭或与他人的关系中实施相应的行动。

虽然我们在这里没有进行哲学层面上的教育观的讨论，但现在必须思考在教育和教学情境中教育工作者通常对儿童做出的各种推论的本质。教育工作者几乎每天都会做出如下陈述：

莫莉是个有创造力的孩子。

安东尼不是很聪明。

这个教室里的男孩充满敌意和攻击性。

何塞不容易分心，在课堂上表现很好。

安德里亚的自我概念很差。

诸如创造力、智力、攻击性、分心和自我概念等心理表象是无法直接被观察到的。更确切地说，这些标签或描述是基于与以上心理表象相关的一些可观察的行为而做出的推论。

尽管我们每天都会对他人做出推论，但很少有人知道观察是如何为推论提供支持的。以“自我概念”为例，我们如何判定儿童好的或差的自我概念呢？我们需要提出这些问题：什么观察数据可以支持我们得出这个推论和结论？其他观察者会得出同样的结论吗？在判定一个孩子的自我概念很差之前，我们要有多少可观察到的行为实例作为支持？（抽样和系统地收集观察数据以支持推论是第八章要详细讨论的主题。）

让我们通过任务四来思考观察在推论中的作用。

任务四：在“开端计划”[1]教室里对一个女孩的观察

观察“开端计划”教室里的一个女孩的照片（图 4.4），想想可以对她做出什么客观陈述，以及在教室和活动的情境下可以对她的行为做出什么推论。

---

[1] 英文为“Head Start”，是美国联邦政府追求教育公平、改善人群代际恶性循环的一个早期儿童发展项目。它是美国总统林登·约翰逊提出的，是向贫困宣战的计划之一。自 1965 年起，它按照国会通过的一项法律开始实施，以联邦政府及州政府为主投入资金，由受过培训的教师对家庭条件不佳的儿童提供免费的学前教育服务。——译者注

图 4.4 “开端计划”教室里的女孩

以下信息将有助于澄清观察背景：

（1）女孩和其他孩子都 4 岁了，已经参加“开端计划”项目 2 个月了。

（2）孩子们进行着自由游戏，一般持续 30 分钟左右。

（3）女孩一直坐在同一个地方，至少在 5 分钟内没有发出任何声音。

使用任务四练习表（表 4.3），写出关于女孩的课堂行为的可能推论，用客观的观察数据来支持你的陈述。在相应的字母处写出哪些观察是你的推论的基础。

表 4.3 任务四练习表

在“开端计划”教室里对一个女孩进行观察		
实施的观察	**推论**	**支持推论的观察（#1，#2）**
1.	A.	A.
2.	B.	B.
3.	C.	C.
4.	D.	D.
5.	E.	E.

再次审查你对照片中的小女孩的推论和相应的支持性观察内容。然后与附录中列出的任务四的参考示例进行比较。

在大多数情况下，观察一系列随时间变化的连续行为，对我们进行儿童观察和做出推论相当有益。很明显，单独的一张照片呈现的是一个静止的瞬间，使得观察者会产生“在这个瞬间之前到底发生了什么”的疑问，这显得尤为重要。在图 4.4 所描述的情况之前，女孩可能在积木区积极参与男孩子们的游戏，或者她可能在娃娃区与一群孩子玩耍后刚坐下。如果观察者无法获得有关先前活动的信息，那么在做出强有力的推论时一定要慎之又慎。你的推论的可信度取决于支持推论的行为观察的有效性或频率。对儿童的完整活动进行科学的行为抽样就能避免因观察数据不足而做出推论的情况。

然而，教师和监护人通过日常观察获得的某些预感是非常重要的。教师可以对某些“啊哈时刻”[1]进行追踪观察，而且由日积月累的观察所获得的见解对于开发更系统的观察技术、制定适当的教学策略或教育干预措施至关重要。

---

1 英文为“Ahas”，即教师在观察到儿童的某些典型行为和发展特征时发出的惊叹声，类似于学习故事中的“哇时刻”。——译者注

第五章

定义观察问题并描述情境

到目前为止，做出有用且客观的观察显然仍是一项非常复杂的工作。对目标行为的分类、观察任务的安排和观察场所的了解有利于提高观察过程的客观性，并更好地与他人分享和交流观察结果。观察者使用的对象分组或行为分类类型必须与其聚焦点或关注点高度相关。例如，一名幼儿教师想要编写关于班级幼儿适宜性概念发展的材料，就会聚焦于幼儿在所有活动中对特定概念的使用情况，同时忽略幼儿的其他行为（如同伴互动）。另一个例子是，如果教师想要设计一个促进儿童同伴互动的课程，那么焦点就应该放在幼儿的课堂互动模式上。

在本章中，我们提出以一种系统的取向来建构观察的观点，确保通过观察收集足够的数据，以实现使用观察技术的最初目标。鉴于观察过程中不可避免的选择性问题，以及前面讨论的观察的客观性要求，不同观察者对观察任务的特定焦点达成一致是至关重要的。尽管在接下来的三章会阐述提高观察的可靠性的方法，但现在尤为重要的是，我们需要提出系统观察的取向，包括以下几点：

- 明确界定自己希望通过观察来回答的问题。
- 思考特定的观察场所（如幼儿园教室、托儿所或家庭）对目标行为的影响，并引导观察者描述观察情境的组成部分，包括整体的空间场所、情境中供个体使用的材料、情境中的个体以及一天的时间安排。
- 思考教学活动的组织、教学方法和师生互动。

- 设计一个囊括描述、计数、记录以及行为分类且每个行为类别都有实例说明的观察系统。由多个观察者参与收集或解释同一份观察数据。
- 意识到不能直接观察个体的情绪、认知或态度。更确切地说，这些都是在观察可数的、可描述的行为实例的基础上以及多种场景中通过对儿童的行为观察而推论出来的。

确定观察目的

在教学与学习情境中有许多观察法所适用的问题。课程评估专家可能会致力于探究新社会研究课程对课堂中学生提问行为的影响；参加培训的教师或心理专家可能希望全面地了解在同一所学校就读的不同年龄段的儿童所表现出的典型行为的差异；当接收了一名转介的“学习困难”儿童时，学校心理专家可能对这个儿童与同伴、教师、学习任务互动时的课堂行为感兴趣；城市里规模较大的学校的校长可能想知道，在实习教师的实习期间，学生是否会收到更多的作业反馈。以下是一些为课堂观察者提供观察焦点问题的示例：

- 教师可能会对孩子们在校学习期间进行的同伴合作的数量和内容感兴趣。教师对此进行观察，以对儿童在教室里的“合作行为”做出推论。
- 一位关心约翰·琼斯的表现且怀疑将他转介给学校心理教师是否合适的教师，可能想知道约翰是否理解课程内容，是否比教室里的其他孩子小，是否过于安静，是否注意力不集中，是否对课堂教学或指导没有反应。
- 一位担心学校空间不足的校长，可能关注教师如何利用目前已有的班级空间。
- 督导教师可能关注实习教师所提供的练习与具体课程目标的匹配程度。

- 幼儿教师可能希望了解幼儿在不同发展领域的课程中所掌握的技能，以及幼儿在完成学习任务时所使用的方法和策略。
- 特殊教育者可能想知道盲、聋、脑瘫、肢体残疾儿童的技能，以及外部环境在满足儿童特殊需求方面的适宜性和适应性。
- 学前教育管理者希望了解教师、助理教师与儿童的互动行为。
- 托儿所管理员可能关注儿童的身体、营养、认知、语言和情感需求是否得到满足。

以观察者能够理解预期观察的具体目的的方式提出问题或组织问题，并最终能够得出所提出问题的答案是至关重要的。以“这个班的小学生是否有动机参与绘本分享阅读活动？”为例，就目前的观察问题的形式来说，它并没有足够清晰地界定问题，来让观察者关注情境中的具体行为表现，因此人们肯定会问：

- 什么是动机？
- 动机可以被直接观察到吗？
- “参与绘本分享阅读活动”中的“参与”是什么意思？有哪些具体的行为表现？

在这里，观察者必须思考绘本分享阅读活动所涉及的具体内容。例如：教师使用了什么绘本？教师用什么活动形式让孩子们参与？教师提出什么问题？那么更为直接的问题如下：

- 教师做了哪些事来鼓励孩子参与绘本分享阅读活动？
- 教师如何鼓励孩子详细地阐述自己的观点？

上述问题限定观察者只观察可直接观察到的行为——教师的特定行为，而不涉及动机。动机只能从观察到的各种行为中推断出来，如图 5.1 中孩子对绘本分享阅读活动的反应。

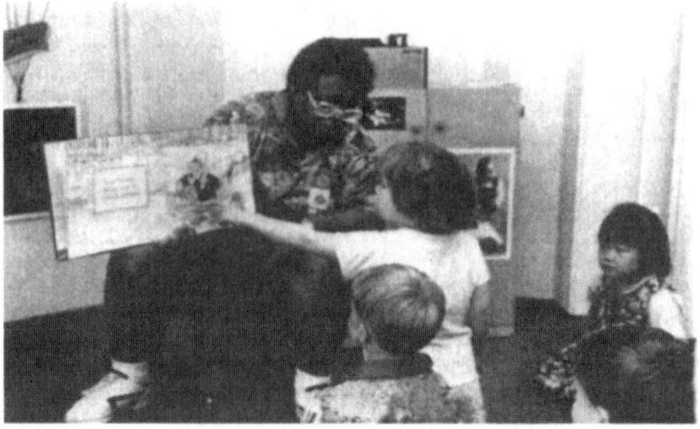

图 5.1 绘本分享阅读活动中一个女孩的反应

任务五：区分清晰陈述的问题和未清晰陈述的问题

请做进一步的练习，确定任务五的练习表（表 5.1）给出的问题中哪些是清晰陈述的。请在每个问题所对应的条目下打钩，并填写打钩的原因。完成此任务后，请将您的答案与附录中给出的每个问题的参考示例进行比较。

表 5.1 任务五练习表

区分清晰陈述的问题和未清晰陈述的问题

问题	清晰陈述	未清晰陈述	原因
1. 在进行小组“绘本阅读”活动时，男生更不安分吗？			
2. 这个教室里的教师是否鼓励提问行为？			
3. 在幼儿园的某个教学日，有多少幼儿选择在自由游戏时看书？			
4. 为什么幼儿园里的女孩在餐点时间后更有动机去打扫卫生？			

环境的特征

在确定观察目的后，观察者需要仔细分析所要观察的环境，以便选定适当的活动类别进行观察。一般来说，环境的特征决定了在特定情况下可以观察到的行为的性质以及可能发生的活动的种类。例如，如果某个环境仅限于儿童活动，那么儿童与成人的言语互动是无法观察到的。同样重要的是，观察者必须关注那些可以局限、引导或促进个体行为并与环境相关的各个因素。这些因素包括：

- 可供使用的物理场所或空间的规模
- 环境中年龄、性别和角色等特征各不相同的人
- 环境中的物质材料及其投放位置
- 环境本身的一般物理特性，如温度、照明、房间大小和空间布置
- 活动区域的设置
- 为特殊儿童提供的适宜性材料和安排

活动区域划分的空间组织情况、材料的类型和投放位置、教师的理念和呈现教学材料的方法以及教师的教学行为，都与儿童的学习特点和学习风格密切相关且相互影响。例如，莫罗（Morrow，1991）在一项对幼儿园课堂的研究中发现，教师所投放的识字材料与儿童在自由游戏期间的识字行为存在着显著的相关关系。因此，我们的目标是找可能影响儿童行为的潜在环境因素。这些因素的各个方面将会在这一章的后面进行逐一讨论。

对整个环境的概览有助于观察者增强对当时情景的理解，但再次强调观察行为的选择性也很重要。观察者通常会忽略环境中少有活动发生的区域，而把注意力集中在活动的中心区域。

环境对个人行为的影响可以从另一个角度来理解。例如：

- 同一个儿童在教室、体育馆、操场、社区以及家庭等不同环境中，如何

与他人互动呢？

- 工厂里的工人在休息、就餐和工作时如何与其他工人互动呢？

巴克（Barker，1968）在阐述人与环境之间的相互关系时提出了一个非常有用的观点。环境或行为情境有其自身的结构（边界、物理特点和时间属性），从而限制或规定了个体的行为。儿童在操场上的行为与在教室里的不同，在操场上比在教室里更喜欢跑和喊；医生在高尔夫球场上的表现一般不同于其在医院里的表现；在高尔夫球场上，医生的行为与其他高尔夫球手相似，而在医院里则与其他医生一样。显然，环境对儿童和医生的行为有很大的影响。因此，个人与环境之间的相互关系催生了一个重要的问题：在不同的情景或环境中，是什么塑造了一个人的行为的不同特征？［巴克和赖特（Barker & Wright，1951）撰写的《一个男孩的一天》（*One Boy's Day*）就是与此领域相关的著作，令人印象深刻。］

为了进一步探讨这一点（尤其是针对幼儿），我们可能会分别考虑幼儿在教室里的不同活动区的行为，例如清洁区、工作桌、积木（建构）区、阅读区或绘画区。对于年龄较大的学生，我们可能会考虑在不同的学习科目的教室里或不同课程的活动期间其所表现出的行为。总之，观察者必须考虑到环境的各种影响，它们会限制或促进个人的行为。史密斯、康诺利（Smith & Connolly，1980）以及摩尔（Moore，1987）对影响儿童行为和教师观念的环境特征进行了多项研究。

任务六：观察环境的限制

为了反思和分析环境对可能发生的行为的限制，请观察图 5.2 的操场环境的照片。运用任务六练习表（表 5.2），列出可能被这个环境限制了行为的人物特征。推测两种行为——一种是因受到这些限制而不太可能发生的行为，一种是受到同样因素的影响而可能发生的行为。接下来，思考可用的材料（如游戏设备）和操场上的空间场所会通过什么方式对身处其中的个体行为产生某些普遍性的限制，又通过什么方式促进个体的某些行为。最后，请将你的回答与附录中给出的示例进行比较。

图 5.2　操场环境

表 5.2　任务六练习表

观察环境的限制			
类别	**特征**	**不太可能发生的行为**	**可能发生的行为**
1. 人物			
2. 可用的材料			
3. 空间			
4. 其他（注明）			

分析环境的组成部分

对观察情境展开进一步的思考，涉及环境的具体内容包括：物理环境、环境中的物质材料、环境中的个体以及成人与儿童的互动。下文将对这些内容逐一进行介绍，并在学习任务中提供相应的观察练习。

观察和描述物理环境

随着时间的变化，人类的行为会发生相当大的改变，而我们进行行为观察的物理环境通常保持着相对的稳定。观察者进行观察时，应当考虑环境的物理特征，如房间的温度及其对房间内预期行为的可能影响、环境中活动空间的大小、人工和自然照明的情况及其在环境中的位置等。

观察和描述环境中的物质材料

接下来将考虑环境中的物质材料，因为它们通常是环境中行为活动的核心。这些物质材料包括大型设备（课桌、攀爬和其他游乐场设备、沙箱）以及消耗性材料（纸、书、铅笔、拼图和教师设计的材料）。除了单独介绍和描述这些材料外，重要的是要注意材料与背景文化的相关性以及人们在这个环境中为实现特定目标而对这些材料进行的安排或投放情况。例如，较大的环境空间可能被组织成活动区域，如小组集中活动区、图书区、科学区或手工美术区。

观察和描述环境中的个体

行为观察环境分析的第三个部分是对环境中的个体进行描述。任务七提供了相关练习。

任务七：可观察到的个体特征

请看图 5.3，用任务七练习表（表 5.3）写下你对照片中每个人的可观察的外显特征的描述。可能你会注意到表 5.3 中只列出了可以直接观察到的特征。在进行描述时，观察者没有必要对这些人的情绪、社会背景、当前角色等做出推断。我们常常会根据超出自身实际所能看到的个体特征对个人做出推论和判断（相关的行为观察的详细讨论参见：Kleinmuntz，1967，pp. 92–109）。

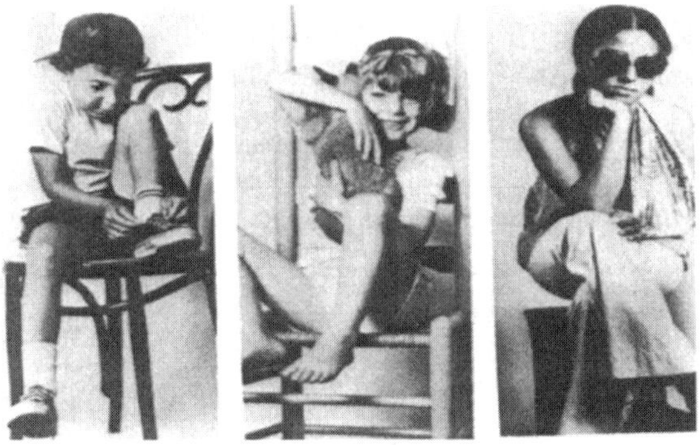

图 5.3　三个不同的人

表 5.3　任务七练习表

可观察到的个体特征			
分类	**男孩**	**女孩**	**成人**
1. 大致年龄			
2. 性别			
3. 身体特征：头发的颜色、衣服、体型、身高、眼镜			
4. 动作和手势			
5. 身体障碍			

观察者如果对特定的某些儿童（如小组中年龄较小的儿童）或某个儿童感兴趣，那么比起观察一群儿童，针对小样本的观察描述更具灵活性。很显然，在一间容纳 20 名儿童的教室里，观察者不可能一次把注意力集中于一个以上的儿童。因此，如果观察者有兴趣描述整个班级的儿童的外部特征，那就必须采用一种观察技术，这种技术可以系统地排列这一组儿童的观察结果，观察者每次只观察一名儿童，然后轮流观察每名儿童。

有必要强调，此时我们对个体的观察并没有关注他们的具体行为，也没有关注他们在肢体上或语言上的互动方式。虽然观察者可能只会关注到某些个体的行为，但是留意环境中整体人群的一些总体特征对观察结果很有帮助。这些总体特征包括：

- 总体人数
- 男女比例
- 成人与儿童的比例
- 所代表的文化和（或）种族群体的数量
- 残疾儿童人数

观察和描述成人与儿童的互动

我们对环境的观察分析的第四个部分是成人（教师、助教、家长、其他专业人员）和儿童在这个环境中发生的互动。这些互动对于课堂观察者来说至关重要。例如：教师如何进行教学——介绍不同体裁的儿童读物，提出开放性问题或给学生贴标签——影响儿童的行为和学习结果。教师或其他课堂观察者可能希望观察已有研究证明的对儿童学习很重要的互动行为（详细内容可参考：布雷德坎普于 1987 年制定的发展适宜性实践指南；Good & Brophy，1991；Ysseldyke，Christenson，& Thurlow，1987）。这些互动行为（成人发起的）包括：

- 管理孩子的破坏性行为
- 运用技巧来激励孩子并帮助他们保持对学习的投入
- 表达期望
- 作为语言和交流的榜样
- 鼓励孩子思考
- 能够将任务分解为小的子任务
- 提供反馈和表扬
- 鼓励孩子参与新的活动
- 组织和开展课程活动
- 建立和使用一致的常规

行为的情境

在本章中，我们把观察时应思考和分析的环境中的关键组成部分逐一进行了介绍。环境中的材料和个体的外显特征组成了被观察到的行为发生的情境，我们用一个观察小学图书室的例子来做进一步的说明。观察者观察的是二年级学生在图书室里的活动。对于这次观察，我们要注意图书室的物理特征、图书室中的物体、参与活动的人物和他们正在进行的活动，并对总体的情境特征进行概述。

为了有助于观察，我们画了一张图书室环境图（见图 5.4）。该图可以指示出确切的座位和详细的活动区域。这样的简图也有助于我们理解环境中存在的对残疾儿童的活动可能造成阻碍的因素。如果观察者关注的是某个特定的儿童，那么就可以在简图上用箭头绘制出该儿童的活动轨迹，这样就可以显示出目标儿童与同伴互动的特点。

在表 5.4 中，我们分析并列出了图书室环境布置的主要组成部分。如该表所示，观察到的活动是人与环境相互作用的结果。现在请你完成任务八，选择一个相似的环境进行观察和分析，运用表 5.4 的例子作为参考。

表 5.4　环境中的主要组成部分

地点：小学图书室 时间：小学二年级学生的阅读时间			
物理特征	**物品**	**人**	**活动**
长方形房间	3 排钢制书架	1 个穿蓝色裙子的女孩	从杂志上复制画
黄色墙壁	2 个靠墙的木制书架		
1 个大玻璃窗户	1 个将两个区域分开、带有坐垫的 T 形低书架	1 个穿绿色连衣裙的中年妇女	经常从隔壁房间出来，手里拿着一张纸 和那个女孩核对纸上的内容 回到她的房间
1 个小玻璃窗户	角落里有 1 把绿色的椅子、2 把黄色的椅子、1 张长方形的小桌子		

续表

地点：小学图书室 时间：小学二年级学生的阅读时间			
物理特征	物品	人	活动
有 1 个玻璃门的相邻的房间	6 张“天然木材”制作的圆桌，每张圆桌配有 5 把椅子	一排排书架前的 2 个男孩	寻找书籍
1 扇通向图书室的大门	索引卡盒		
收银台（服务台）	柜台上的书		
打开着的顶置荧光灯 覆盖地毯的地板	书架上的书 复印机 关于一个男人的油画 3 盆植物 有纸条、别针、邮票的柜台 公告板 地板上的大靠垫	圆桌边坐着的 3 个女孩	2 个女孩一边指着书上的一幅画，一边交谈；1 个女孩在看她面前的书
情境特征总结如下： 1. 图书室只有 6 名学生，这表明每次只有少数的二年级学生来图书室，而不是全班。因为在观察时，尽管图书室有足够容纳整班学生的宽敞空间，但只有 6 名学生在那里。 2. 在场的所有人似乎都很投入。			

任务八：分析观察环境中的主要组成部分

分析观察环境中的组成部分，区分出环境的物理特征、物质材料及个体，并描述正在进行的活动。把你的记录写在任务八练习表（表 5.5）上。总结出该环境和环境中发生的活动的特点。然后，关注环境所产生的限制，对可能发生的行为做出预测。你是否发现自己的预测与观察到的活动在某种程度上相符合？

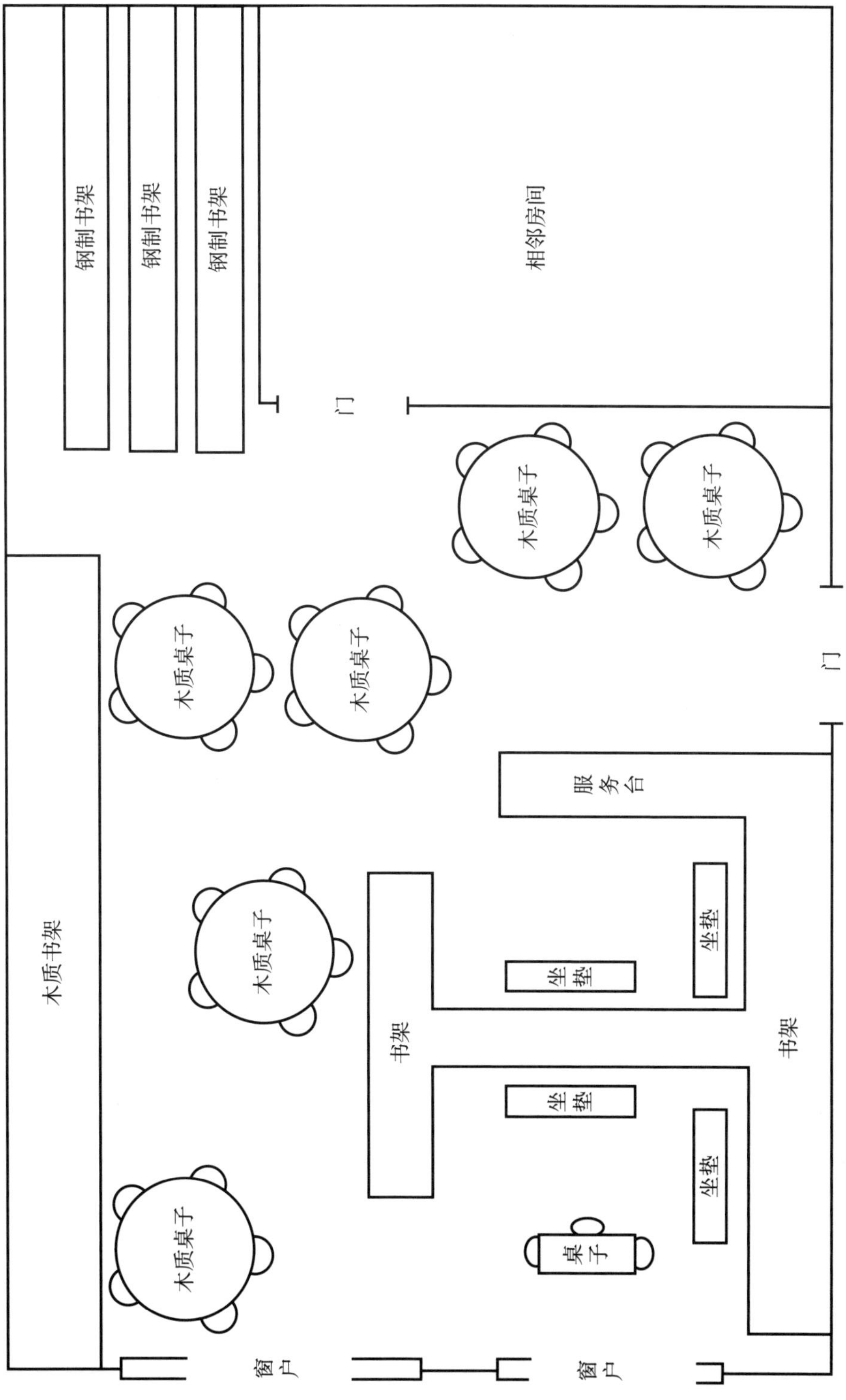
钢制书架
钢制书架
钢制书架
相邻房间
门
木质桌子
木质桌子
木质书架
木质桌子
木质桌子
门
服务台
木质桌子
坐垫
坐垫
书架
书架
坐垫
坐垫
木质桌子
桌子
窗户
窗户

图 5.4　图书室环境布置

表 5.5 任务八练习表

环境中的主要组成部分
地点：
时间：

物理特征	物品	人	活动

情境特征总结如下：

我们强调了观察和描述课堂行为发生的情境的重要性，以使读者意识到环境会限制或促进个体行为。在观察和描述情境时要记住，课堂情境是不断改变的——另一个成人可以进入房间，班级分组也会随着课程的进度变化而变化（如某个特定的孩子缺席等）。由于行为总是在某种程度上取决于它所在的环境，所以有时描述情境的变化也很重要。

应强调的是，正如第二章所讨论的，研究环境本身以及个体与环境之间的关系一直是生态心理学（ecological psychology）的研究焦点。从生态学家的视角来看，关于个体与环境的关系的探讨已经趋于成熟（包括相关的理论建构与实证研究）。本章的目的在于向幼儿观察者强调，关注行为发生的情境并对其组成部分进行分析会对行为观察大有裨益。

第六章
行为的标记与分类

“行为”这个词语在本书前面的章节中已经提及，但由于之前关注的是复杂的观察过程中的其他方面，因此我们并没有对其进行准确的定义。为了便于标注行为的维度，我们将“行为”定义为个体在某个环境中表现出的任何可观察的、显性的行动或活动。行为的类型包括孤立的、非言语的活动（坐在椅子上，望着窗外），以及与他人的言语和非言语互动（两个三年级学生在操场上打架和言语交流）。当提到诸如“自我概念”等无法直接观察到的概念时，我们所谈论的是一种基于可观察行为的推断或结论。

标记行为的维度

在教育和行为科学中，人们可以从各种各样的测量表、检核表、评定量表和分类表中进行选择，以观察课堂上的行为（见参考文献）。近年来，各种行为测量评价成果都反映了行为分析的取向。由此产生的评价工具关注的是教师的言语行为以及学生的言语和非言语反应，并在总体上按照特定研究人员的研究目的进行设计。我们主张将行为置于其特定的情境当中，强调根据观察数据做出定性的判断、推断和决策的重要性，同时我们提倡从不同的视角看待行为的方式。认知发展心理学家可能会在观察被界定为与认知功能相关的行为的基础上，对儿童的认知功能、智力水平做出推断。另一方面，幼儿教育工作者可能会根据对幼儿在幼儿园情境中的互动的观察以及不同文化和语言背景对儿童发展的期望，来推断幼儿某些社会行为的年龄适宜性。此外，关于儿童的情感成熟度和情感表达水平的推断可能源自观察到了与某个理论认为的特定情感特征相符合的儿童行为。观察的系统取向和方法有助于观察者进行直接观察，无论他（她）的价值立场或专业角色是怎样的，都能找到并运用他（她）认为最合适的分析方法和干预手段。

尽管许多观察技术的开发者都或多或少具有教条主义倾向，但重要的是要记住，不同的观察系统之间的差别在于它们在何种程度上可以应用或推广到不同的情境之中，而不只是设计或开发它们的情境（Kerlinger，1973）。因此，确定某一特定的观察系统或所列出的一系列行为的分类范围的适宜性，就成为每个观察者在确定研究目的后的重要任务。为了帮助读者评价一个特定的观察系统，我们列出了一些在评价观察系统和决定使用哪种方法进行行为抽样时应该考虑的问题。

了解和定义行为

由于大多数的观察方法和系统都是为特定的研究或教育目的而设计的，因此这些系统的开发人员将重点放在那些与其特定项目目标相关的行为上。例如：

- 对教师提问行为感兴趣的研究者应该考虑课堂上可能出现的所有类型的提问行为。
- 对特定儿童的“多动症”感兴趣的教师需要了解多动症的典型的行为表现。

因而，观察人类的行为需要我们对这种行为有所了解（Kerlinger，1973）。如果一个观察新手不了解手术过程，就不可能系统地观察医生在手术室里的行为。在此认知基础上，列出潜在的观察类别便成为一种可能。

在对各种观察系统的概述中，西蒙和博耶（Simon & Boyer，1967）对情感和认知观察系统进行了区分。对课堂情绪氛围以及“教师对学生的感受、想法、努力或行动的反应如何影响课堂”感兴趣的人将使用情感观察系统。然而，如果他（她）更关注课堂上或儿童问题解决技巧方面的语言模式，那么认知观察系统则更为合适。《行为的镜子》（*Mirrors for Behavior*）系列丛书（Simon & Boyer，1967，1970，1974）为这两个广义范畴的系统提供了更详细的描述，并举例说明了不同的课堂观察系统。（很遗憾，此资源最近已经不再更新。）

一旦观察者确定了问题或疑问，相应的结构化的观察系统就应该建构起来，从而这样的观察才能够：

- 以一种有组织的方式呈现，方便与其他不在场的人（如另一名教师或家长）进行讨论和交流。
- 在观察到同样的行为时，与其他观察者运用相似的观察方式。

互斥且穷尽的行为分类

互斥的行为类别

为了避免观察者对所观察到的行为记录类别产生混淆并提高观察的信度（见第七章），我们必须指出“行为”的明确定义，从而使每一类可观察到的行为都能与其他类别准确区分并相互独立（相互排斥，即互斥）。例如，“提问”和“陈述”属于相互排斥的范畴，因为一个人在同一时间只能表现出一种行为。再举两个互斥的行为类别的例子，如站立和坐着、驾驶和游泳。

当观察者对这些行为类别存在重叠定义，而难以判断观察到的行为是否属于某一个类别而不是另一个类别时，即行为的分类并非互斥时，就需要再次对行为类别进行细化和改进。例如，“使用正确的语法”和“提出问题”就不是相互排斥的行为类别。在这个例子中，如果一个学生提出了一个语法正确的问题，那么观察者将很难对这个观察到的行为进行分类和记录。（另外，从明确定义的角度来看，我们必须具体说明这些类别中的第一类，以便观察者知道什么是“语法正确”。）任务九提供了区分互斥的行为类别的练习示例。

任务九：区分互斥的行为类别

请根据任务九练习表（表 6.1）中给出的示例，判断这些行为类别是互斥还是重叠，然后根据附录中的参考示例来检查你的回答。

表 6.1　任务九练习表

区分互斥的行为类别		
类别	**互斥**	**重叠**
1. 跑步 躺着 坐着 站着		
2. 欢笑 哭泣 说话		
3. 阅读 浏览 倾听		
4. 提出问题 发号施令 陈述观点		

设定行为界限

由于观察者界定了观察的基本问题或兴趣领域，因此有必要对所要观察的行为的范围进行限制。例如，对“课堂教学行为”感兴趣的研究者必须划定一个问题区域以明确关注的重点，比如研究教师提问的类型，对教师的陈述进行分类，或统计教师对学生回答的认可次数。如果观察者选择关注教师提问的类型，那么对于教师的其他行为，观察者就会有所忽略，并只关注提问行为，即明确行为的范围界限。进一步说，若观察者对研究教师的课堂提问行为感兴趣，那么行为类别必须包含构成教师提问行为的所有可能行为。例如，教师为了具体事实、定义、意见、澄清或阐述、应用、评价而进行提问。

穷尽行为的分类

观察者所建立的行为分类必须是穷尽的，以确保每一个所观察到的提问行为的可能实例（或所考虑行为界限范围内的每一种可能行为）都可以归入一个可用的行为分类系统之中。正如克林格（Kerlinger，1973）所指出的，观察者所考虑的行为界限范围可能会因观察目标或所提出问题的不同而有所不同。任务十提供了建立穷尽分类的练习。

任务十：建立穷尽行为的分类

为下文需要做出范围界定的行为，制定一系列穷尽的分类：4—6 岁儿童在操场活动中表现出的大肌肉运动技能。

在制定你的分类清单时，应考虑以下问题：大肌肉运动技能的操作性定义是什么？所述问题是否足够精确，以避免涉及操场上观察到的“大肌肉运动技能”以外的行为？

请在任务十练习表（表 6.2）中列出具体类别。

表 6.2　任务十练习表

操场活动中的大肌肉运动技能分类	
1.	6.
2.	7.
3.	8.
4.	9.
5.	10.

正如你可能已经注意到的，对于大肌肉运动技能的构成还存在一定程度的模糊性。因此，你可能会寻找一个更清晰的定义，比如："一个孩子在操场上表现出需要使用双腿、手臂、头和（或）身体的行为。"通过排除使用双手、手指和脚趾的动作，我们从定义中剔除了精细运动技能。如果你的研究对象是运动障碍儿童，则需要更详细地说明"大肌肉运动技能"。

正如你可能会注意到，在对比你的分类列表与附录给出的参考示例时，使用你的分类列表的某个观察者可能会观察到你的列表中没有对其进行分类的行为。因此，在制定你的观察记录表时应设置一个"其他"类别，这样可以在之后的观察活动中完善这个分类列表。例如，在使用附录中的参考示例的分类列表时，孩子玩跷跷板的活动如何分类？由于没有合适的类别，我们必须将其归入"其他"。如果这个"其他"类别新增了大量的活动类型，我们就有必要对原本的分类列表进行细化，使之更加全面。

行为类别的具体化

在设计目标行为分类和界定行为时，我们还必须考虑实际观察到的具体情况。我们必须确定哪种分类更有利于回答所观察的问题，是那些非常细致的、易于观察的、特定的行为动作，还是广义上的某种行为模式。例如，为了观察儿童在课堂上表现出的情感行为，我们可以注意在一小时内儿童微笑的次数，以及这些微笑指向谁和（或）在什么条件下产生，或者在特定时间段内儿童做鬼脸的次数。观察者可以从广义上将情感行为按照儿童在互动游戏中所花费时间的百分比进行分类。那么，"互动游戏"这个分类就涵盖了一系列非常广泛的行为表现。

当观察者使用一个狭义的分类系统时，他们很可能在行为分类中呈现较高的一致性和统一性。观察者将观察的行为进行细化分类，大大降低了观察过程中的推理程度，与采用更广义的分类系统相比，会在更大的程度上消除观察者的主观性。但是，如果行为单位变得过于具体——手指敲击或眨眼次数——观察者可能难以对这些观察结果进行概括或“抽象”，这样的观察结果对教师而言可能是毫无意义的数据（尽管这些观察数据对实验心理学家而言可能不一样）。即：

使用狭义的分类系统→观察者的一致性较高→推理程度较低→归纳概括较难→主观性较低

另一方面，如果使用较为广义的分类系统，那么观察者之间便难以达成一致性。当采用“焦虑行为”和“非焦虑行为”这两个类别时，行为类别的非具体化使对两个类别含义的主观解释有较大的余地。脚在抽搐是焦虑行为的一种表现吗？这样缺乏定义或具体化的广义分类系统就要求观察者在进行特定分类之前，对观察到的行为做出更主观的解释。尽管使用更广义的分类系统会降低观察信度，但观察者可能会对眼前所观察到的问题做出更有意义和有效的解释。即：

使用广义的分类系统→观察者的一致性较低→推理程度较高→归纳概括更简单→主观性较高

观察技能的初学者应该尽量以最低程度的推理为目标。过于模糊的广义分类可以让不同的观察者对同一行为做出不同的解释；过于具体的狭义分类虽然降低了模糊性，提高了信度，但往往过于死板，缺乏变通性，不易应用。

行为的分类系统和标志系统

从另一个角度来看，梅德利和米策尔（Medley & Mitzel，1963）提出了两种关于构建观察记录表条目的方法。第一种方法称为行为分类系统，要求观察者列出一组类别，这样每一个观察到的行为都可以被记录到一系列互斥类别中（仅有一个对应的类别）。例如，弗兰德斯（Flanders，1965，1975）设计了一个经典的课堂观察系统，列出了课堂上师生可能发生的10种语言行为。当采用弗兰德斯的观察系统时，教师或学生的每一种语言行为都可以被分类。

再举一个例子，我们可以针对特定的情境制定互斥且穷尽的行为分类系统。如果我们要调查学前儿童互动游戏的本质，那么我们会列出互斥且穷尽的互动游戏行为的类别。以行为分类系统的样本记录表（表6.3）为例，我们可以列出行为分类，并根据观察到的儿童行为而添加尽可能多的列。该表是关于学龄前儿童互动游戏的观察。由于儿童的行为在不同的活动和环境（情境）中往往有所不同，因此在记录表格上标注情境便显得尤为重要（如表6.3所示）。如果观察者希望记录一段时间内儿童的发展变化或教师干预的效果，那么在记录表格上注明观察日期也很重要。如果所有的观察记录都是在同一天进行的，那么可以在表格的顶部注明日期。如果观察记录随着时间的推移而进行，那么应该在观察到的行为旁边注明具体时间。如果需要，可以使用不同颜色的笔来标注不同的日期。

表6.3　行为分类系统的样本记录表

同伴互动游戏

类别	儿童A		儿童B		儿童C	
	日期	情境	日期	情境	日期	情境
单人游戏						
平行游戏						
与一个同伴互动游戏						
与多个同伴互动游戏						
仅仅四处观望						

观察者应用这样的分类系统来记录并分类每个孩子表现出的每一种行为。在某一时间段内的观察记录显示了观察者所观察到的目标行为类别的总数，以及每个孩子和整个抽样群体在各类别中表现出相应行为的频率。

相反的是，行为的标志系统则需要事先列出若干个观察者感兴趣的特定行为。在规定的观察期内，观察记录会标示出哪些行为实际发生，而哪些行为没有发生。应用标志系统的观察者只需记录预先设想的某类行为。根据推测，许多行为根本不会被记录下来，甚至会被直接忽略。因此，标志系统包含互斥的行为类别，但这些类别并不一定是穷尽的。（在某些观察系统中，这些标志被称为“事件”。）

例如，有的人可能对用标志系统来观察规则行为感兴趣。表 6.4 是标志系统记录表的一个样本，可以用来观察儿童遵守某些规定的课堂规则的能力。在应用标志系统时，观察者确定了与课堂规则相关的行为。在运用类似的记录表时，观察者需要记录儿童表现出这些行为的实例。观察者可以根据所观察的儿童数量以及行为数量添加必要的行与列。

表 6.4　标志系统的样本记录表

遵守规定的课堂规则

日期：__________

观察者：__________

儿童	留在座位上	举起手	轮流说话

需要注意的是，这类表格中没有“其他”和“等等”的类别。除了某一特定类别的行为外的其他行为将被忽略，因为它们与观察目的无关。

总而言之，行为的分类系统和标志系统之间的主要区别可以参见表 6.5。

表 6.5　分类系统与标志系统的对比

分类系统	标志系统
每一个观察到的行为都必须进行分类 （互斥且穷尽行为的类别）	仅对某些事先确定的特定行为进行分类 （互斥但不穷尽行为的类别）

构建行为分类的步骤

在拟定与目前的观察任务相适应的行为分类时，可采取以下步骤（这些步骤与第三章关于拟定检核表和等级评定量表的步骤相似）：

（1）头脑风暴。仔细思考解决问题的可能方法。例如："我的观察问题是否清楚且具体？""这个问题能通过观察来回答吗？""我选择的观察行为是否与观察问题相关？"

与你的伙伴集思广益，一起解决问题。他们如何看待你想要观察的行为？讨论有一致性或有分歧的地方。这样的讨论可以帮助你构建在观察方法中使用的行为类别。

（2）回顾文献。查阅文献，并思考：其他人是如何处理相同或类似的问题的？他们对目标行为领域的定义是否完整？他们采用了哪些步骤，结果如何？他们遇到了哪些障碍？

（3）分析任务。将要观察的目标行为分解为各个组成部分，对其进行"任务分析"（Gagne，1985）。思考哪些子行为或事件可以构成观察目标的行为域。例如，为了构建学前儿童的言语行为类别，我们将列出可能的言语行为的类别，并排除非言语行为：

- 寻求帮助
- 寻找信息（提问）
- 命令
- 模仿
- 陈述事实、希望

（4）预观察。选择一个具有代表性的观察情境，在这个情境中，尝试进行观察并生成连续记录，或仔细描述自己感兴趣的行为。思考观察是否具有典型性、代表性和充分性。从这些观察中，深入提炼你的观察问题并抽象出重要的行为或事件（Martin，1976）。

（5）实地正式测试。测试一下你的观察系统（可能的话，可以找另一个观察者一起测试），并根据需要进行修改。

你可以根据行为分类任务的难易程度、已有的经验和耐心，来选择以上的某些或所有步骤！

第七章

有信度的观察：避免观察偏差

为了使我们对观察的结果有信心，必须考虑若干技术层面的问题。本章将讨论与信度有关的问题，第八章将讨论与抽样、记录、效度和观察结果有关的问题。

两种类型的信度是非常重要的：观察者们需要有统一的认识（一致性），并确定他们在短的时间跨度内对儿童行为有稳定的描述（稳定性）。每一种类型的信度都将在本章中进行详细介绍，还有一节将阐述观察者在获得具有可靠性的观察结果时会遇到的挑战。

提高观察者一致性

为了帮助教师和从事教育工作的行为科学家得出日常决策和解决问题所必需的结论，观察者必须就这些结论或推论的观察基础达成一致。观察者之间的一致性与行为定义的充分性、行为的复杂性和情境设定的特征有关（Bramlett & Barnett，1993）。对需要关注的目标行为进行精准、明确的界定是构建或组织行为观察的先决条件。只有对观察行为进行准确定义，才能提高不同观察者对他们所关注行为的一致性程度。目标是让两个在相同情境中的观察者关注相同的儿童行为，并且就他们所看到或听到的内容达成一致意见。

两个独立的观察者之间的一致性越高，他们的观察结果的稳定性或“信度”就越高。例如，A 教师和 B 教师都在阅读小组中观察 7 岁的二年级学生吉米。如果他们对应该关注的行为没有明确的定义，那么他们的观察结果可能会有所不同。如果他们没有在同一时间点关注儿童相同的注意力行为，那么他们就不可能对吉米在阅读材料时的注意力情况得出一致的结论。

此外，精准的行为定义也会使每一位观察者与其不同时期的观察保持一致。定义越精准，观察受主观性影响的可能性越低（有关各类信度的详细讨论，请参见：Everston & Green，1986；Foster & Cone，1986；Hartmann，1982；Hollenbeck，1978；Kent & Foster，1977；Page & Iwata，1986）。例如，A 教师想要统计在某个特定的情境中学前儿童表现出“依赖”行为的次数，那么除非该教师在观察前详细列出了一系列的儿童依赖行为，否则他（她）很难在观察中将具体的行为一致地标注为“依赖行为”。一般来说，行为分类的标准越具体、越完整，观察者随着时间的推移与其自身或其他观察者对儿童行为的判定也就越一致（见表 7.1）。

表 7.1　观察者的一致性

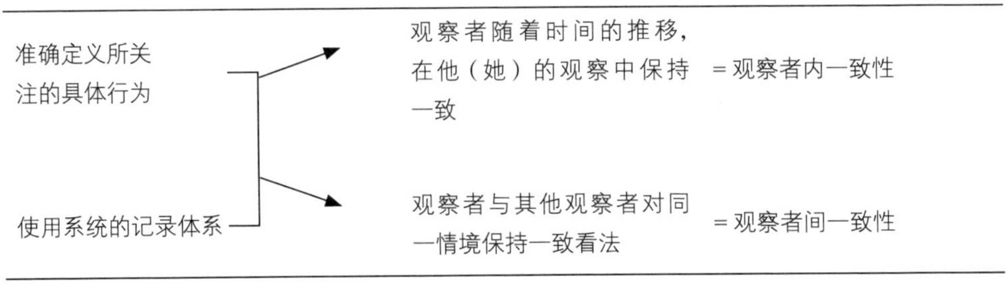

阅读教育和行为科学研究文献的读者会发现文章中可能报告使用某一特定观察方法的评分者间的一致性信度。在记录观察时，观察者之间的一致性通常以信度系数的形式来表示，其范围是 0 ~ 1，0 代表不一致，1 代表完全一致。一般来说，当信度系数为 0.70 ~ 0.95 时，我们认为观察的信度较好。系数越接近 1，信度越好，我们对观察者之间的一致性和可靠性也就更有信心。

同时进行观察的两个或多个观察者之间的一致性信度，可以通过以下方式来进行计算（见表 7.2）。

表 7.2　确定观察者间一致性

示例：七年级社会研究课程中的教师提问模式

步骤	类别	观察者 A	观察者 B
1. 统计观察者 A 和 B 在每个类别中的实例数	教师提问： 具体事实 观点意见 应用	 𝍸　// //// /	 𝍸 /// //
2. 观察者 A 和 B 的观察总数		总计 12 + 10 = 22	
3. 统计两名观察者在每个类别和不同类别中的一致次数	一致性： 具体事实 观点意见 应用	5 3 +1 总计 9	
4. 一致次数除以观察总数		9/22=0.409	
5. 商乘以观察者人数（在这个例子中，观察者人数为 2）		2 × 0.409=0.82	
		观察者一致性信度 =0.82	

观察者应以 0.80 或更高的一致性信度系数为目标。值得注意的是，我们在使用这个步骤时并没有检查观察者是否观察到相同的行为实例，而只是检查观察者之间的一致性。然而，如果我们采用时间取样系统（见第八章），每一位观察者在每个观察间隔（即每 5 秒）只记录一个行为，我们就可以确定观察者们是否观察到相同的行为。

观察者一旦确定了他（她）与另一名观察者的一致性，就可以在另一名观察者不在场的情况下遵循同样的步骤。然而，对于观察者而言，定期抽查他们之间的一致性信度是有必要的，这样能确保观察的准确性。

实际上，评估观察者一致性的另一种方法是考虑行为不发生的情况（Hartmann，1982；Page & Iwata，1986；Vasta，1979）。在相同的情境下，两名观察者可能会：

- 同意行为发生
- 不同意，即观察者 1 认为行为发生，而观察者 2 不认同
- 不同意，即观察者 2 认为行为发生，而观察者 1 不认同
- 同意行为未发生

因此，我们可以在观察中评估发生和未发生行为或事件的一致性。贝克和泰纳（Baker & Tyner，1980）提出，当行为或事件发生的频率较高时，使用表 7.2 中描述的观察者一致性公式可能会高估一致性。相反，观察不频繁发生的行为或事件则会得出较低的一致性信度。在这种情况下，当只有一个观察者注意到某个行为或双方都同意行为没有发生时，我们也需要考虑观察的间隔时间。

观察的稳定性

虽然提高观察者一致性是必要的，但这并不足以评估观察系统的可靠性。为了确定观察的稳定性，观察者必须在短暂的时间内（1～2 周）对一个情境进行回顾。例如，若观察者关注的是一组正在完成数学作业的学生，那么就需要在一段时间内再次观察这些学生，以确定他们是否表现出一致的行为模式。如果两名学生表现出“攻击性”行为，教师可能会质疑这是偶然发生的。教师必须在一段时间内重复观察这些学生。通过对两次或多次的观察结果的关联和比较，我们可以得到一个稳定性系数。有关计算稳定性系数的详细说明，请参见相关著作（Foster & Cone，1986；Kent & Foster，1977；Rowley，1976，1978）。

在确定观察的稳定性时，有一个实际问题，即需要多少观察才能让我们对研究结果的可靠性有信心。显然，这个问题没有正确的答案——所需的观察次数和观察时间安排与观察者的目的有关。

考虑以下不同的观察问题和所需的观察频率，以得到稳定、可靠的观察结果。

（1）3—4岁儿童的“上”和“下”的空间概念是如何发展的？

随着时间的推移，重复观察同一个幼儿（例如，一年内每月一次），或者观察多个不同年龄段的幼儿，并让他们做相同的空间概念任务。

（2）杰西表现出什么样的同伴互动模式？

在可能发生同伴互动的情况下，至少观察杰西3次。

（3）行为干预能否改善玛丽在数学任务中的行为？

在干预前，每天花5分钟观察玛丽在数学任务中的表现，持续观察一周（基线）。接下来，在干预期间每天花5分钟观察玛丽在数学任务中的表现。在适当的时间段后，尝试去除干预，每天记录玛丽的行为。如有必要，重新干预以保持改善后的行为，并继续每天收集观察数据。

※　※　※

在运用观察技术进行心理教育研究时，相比于在课堂上做出日常决策，研究者需要更多的观察才能做出总结。在这样的背景下，研究者可能会在一系列不同的情境、教室或学校中进行观察，从而更有信心地概括干预的效果、教学策略的影响或课程创新的价值。

罗利（Rowley，1978）回顾了安大略教育研究所的约翰·赫伯特（John Herbert）及其同事的一些有趣的研究，这些研究有助于我们制订观察计划。在他们的研究中，研究对象是30名教师，每一名教师都被观察了6~7次，每次50分钟（研究采用的是“课程分析系统”）。罗利关注的是观察数据的信度如何受观察次数、观察时长以及不同观察次数和时长的组合（观察周期）影响，从而得出了以下三个主要结论：

（1）观察信度随着观察次数的增加而增加。

（2）尽管观察信度随着观察时长的延长而增加，但当观察时长从 10 分钟延长到 20 分钟时，信度的增幅最大。20 分钟以后，观察信度趋于稳定。

（3）最佳观察次数和观察时长的组合为 5 个周期，每个周期为 30 分钟（信度系数为 0.705）。

然而，对于时间和资源有限的课堂观察者而言，这项研究给我们的启示是进行 3 次为期 30 分钟的观察，或安排 4 次为期 20 分钟的观察。当然，观察周期也可以根据课程计划来调整。

无论是使用观察记录表、检核表，还是使用评定量表，重复观察对学前儿童尤为重要，因为他们的行为表现随着自身能力的不断提高而明显不一致。我们的研究目标是获得足够数量的行为样本，以便对儿童的功能发展有一致的认知。

观察可靠性的影响因素

遗憾的是，收集可靠的观察数据并不是一种自动化的、常识性的、“任何人都能做到的”活动。在这个过程中可能会出现许多错误，使基于数据得出的结论的有效性受到影响。大量的研究文献记录了观察中的不同错误或偏见来源（例如：Baker & Tyne，1980；Everson & Green，1986；Fassnacht，1982；Kazdin，1982；Kent & Foster，1977；Page & Iwata，1986；Taplin & Reid，1973）。错误可能源自观察者、被观察者和观察系统。在下文中，每一种潜在的错误和偏见来源都会被重点介绍，并附有可能的解决方案。

观察者偏见

或许最典型的错误来源就是观察者自身。

观察者的个人偏见或期望。让我们来仔细分析一个例子，这个例子中有一个讨人喜欢且配合的 6 岁孩子，她叫贾妮。她按时完成作业，教师很喜欢她，并且对她的期望很高。有一名新来的女孩加入了这个班级，但常被其他女孩取笑。为了找出问题的根源，教师观察并记录了课堂上的“嘲笑”行为。尽管贾妮也对这名新来的女孩做鬼脸，但教师忽视了这个行为。由于教师对贾妮抱有信任和期望，这时偏见就产生了。当这种偏差是正向的，即被观察者是受观察者喜爱的，便会产生“晕轮效应”；当这种偏差是反向的，便会产生“偏见”（即“恶魔效应”）。因此，观察者的先前经验会影响观察的结果（Kazdin，1982）。

系统的观察培训可以帮助观察者通过促进对个人信念和偏见的认识来提高观察的客观性。由于每个人对不同的情况都有不同的容忍度或阈值，我们就需要调整和认识自己对一些容易产生分歧的行为的态度（如儿童“良好”的举止、“快速反应”的风格、重复提问）。一名观察者认为是“暴怒”的行为，可能被另一名观察者视为“在正常范围内”（Good & Brophy，1991）。

与观察者自身的性别、种族、年龄、文化或民族身份相关的潜在偏见都必须在特定的观察情境中加以澄清和解决。最后，观察者的理论视角（建构主义、行为主义、人本主义等发展观）肯定会影响其所看到的事物，也会影响其感知，就像让他们戴上了“有色眼镜”。

观察者需要对个人偏见的潜在来源有一个准确的认知。

知识假设。大量研究证明，在进行观察时，如果观察者了解了研究目的或检验假设，那么可能更倾向于记录支持假设的观察结果。因此，为了纠正这种潜在的偏见，大多数的研究设计会选用对研究目的较为“盲目”的观察者。

在课堂教学中，这样的控制并不总是可行的。但可以让观察者的同事（普通教师、教育专家、学校心理教师或专业人士）在目标课堂中进行观察，他（她）并不知道具体的问题或遇到问题的特定儿童（Baker & Tyne，1980）。

观察者偏差。观察者通常需要在实施研究方法或步骤前接受大量的预培训来帮助提升观察者一致性。一旦进入实地观察，在应用某种研究方法一段时间后，观察者在记录观察结果时会频繁地产生“偏差”，反而变得越来越不精确。另一种类型的偏差可能会发生，即一直在一起共事的观察者们倾向于认同某些行为（“一致认同偏差”），随着时间的推移，他们的观察结果会越

来越相似（Hartman，1982）。在可能的情况下，可以对观察者一致性进行定期的、突击的抽查来监测观察者之间的信度是否得到保障，也可以通过在选定的观察情境样本中安排两名观察者来进行一致性信度检验。当收到大量的观察数据后，应检测数据的总量约为10%~20%。对于少量的观察结果，应至少进行两次一致性检测。

*培训不足。*最不可宽恕的观察者误差的来源是培训不足。许多观察系统在应用于课堂环境之前都必须留有足够的时间进行大量的观察实践练习、反馈和讨论。观察实践练习可以采取多种形式，如使用录像带或团队观察。在采用一种观察系统前，专家观察者应达到90%的一致性。在实地观察中使用某种观察系统时，至少达到80%的一致性才是可取的，当然这也取决于研究目的（Barnett & MacMann，1992；Bramlett & Barnett，1993）。观察者需要了解和实践他们所使用的任何一个观察系统的规则和操作步骤。关于提高观察技能的具体建议，请参考博伊斯的研究（Boice，1983）。

关于观察培训活动的建议如下：

- 通过行为编码的记忆测验来检查相关知识的掌握程度
- 观看视频并用编码记录观察结果
- 讨论存在的分歧
- 对照完整的方案来检视观察结果
- 与共同观察者进行实地观察

与被观察者相关的偏见

*被观察者的变化。*在自己的课堂中进行观察的教师被学生们熟知，学生们也可以预估到教师在观察他们。因此，学生们不太可能在教师面前改变他们的行为。（当然，如果学生们正在进行一个被禁止的活动，那么当教师走近现场时，他们会快速改变自己的行为。）

当外部观察者进入情境中且个体知道被观察时，他们也会改变自己的一些行为。这种行为上的变化通常被称为“反应性”。

对被观察的认知。当个体知道自己正在被观察时（尤其是当知道原因时），他们可能会表现出取悦观察者的行为，比如留在座位上、更频繁地举手或者提出更多的问题。其他人也会变得更加紧张，表现出在正常情况下不会出现的焦虑症状。

当然，研究伦理规定：不属于特定情境的个体（即观察者）必须获得许可（来自被观察者或他们的父母）才可以观察教室、测试室或其他情境。即使面对的是年龄最小的儿童，观察者也难以隐瞒这些儿童被观察的事实。

尽管存在这些困难，观察者也可以采取以下措施来降低被观察者的反应性：

（1）观察者在正式观察之前可以多次参与到教室或其他情境中，使学生熟悉并习惯于他（她）的存在。对于婴幼儿而言，一般 1 ~ 2 次的提前熟悉就已足够。大一点的儿童可能需要更多的熟悉感才能适应，前期的观察数据可能需要被剔除。

（2）相较于完全陌生的观察者，学校中的其他教师、专业观察者的助手和高年级学生等参与观察更合适，而且不那么显眼（Baker & Tyne，1980）。

（3）设有单向玻璃的儿童行为观察室可能会更快地降低行为的反应性，但在大多数情况下，观察者无法通过这种方式观察真实的课堂情境。此外，若被观察者背对着单向玻璃，他们的很多行为就无法被观察到。

设备的干扰性。采用录像或录音的方式（第十章有更详细的讨论），虽然解决了观察者在场所内产生的一些问题，但可能会造成设备干扰。观察设备必须被提前放置到观察情境中，这与观察者刚进入观察场所无异。现在教师们可以使用小型的手持式摄像机来解决这个问题。

例如，我们在拍摄幼儿园的教室时，提前一天安装了录像设备，并利用这个机会进行了试运行。孩子们很快就适应了摄像机、电线和设备操作员的存在。当天的活动很快就吸引了孩子们的兴趣，他们不再关注录像设备。其中有一个重要的干扰因素是麦克风，它让一些孩子想起了手枪，因此我们迅速地对其做出了调整。

观察系统的误差

为了使观察系统所产生的误差最小化，必须考虑两个要素：观察系统的匹配程度和观察步骤的复杂性。

观察系统的匹配程度。课堂观察者在选择可用的观察方法和工具时，必须考虑这个观察方法和工具是否符合他们的观察目的——所选研究方法指向的目标行为是否恰当且足够详细，足以解决观察者提出的问题？

观察者在设计自己的研究方法时，上述问题同样至关重要。该问题关系到观察方法的效度（第八章将有所讨论）。

观察步骤的复杂性。观察系统越复杂，其所产生误差的概率就越大。那些需要观察者做出大量决策、涉及复杂类别或要求记忆较多编码的观察系统更容易出错。使用清晰、精准的观察问题和简单、不重叠的编码类别可以降低错误发生的可能性。

我们对观察误差的来源的讨论突出了收集可靠的观察数据的过程中可能会存在的一些挑战。要想对观察技术和结果有信心，观察者就必须考虑观察的信度。表 7.3 列出了一个简要概括的清单，总结了本章讨论的关键问题。

表 7.3　有信度的观察总结清单

问题	注意事项
1. 客观性	事先列出具体的目标行为
	消除因个人信念或期望而产生的偏见
	不同文化 / 语言群体的发展期望
	不了解研究假设
2. 清晰、有用的记录形式	无重叠的行为类别
	避免复杂的编码系统
3. 观察者间一致性	目标的一致性在 80% 及以上
	充分的观察培训
4. 避免观察者偏差	系统的一致性信度抽查
	覆盖两名观察者 10% ~ 20% 的观察时段

第八章
抽样、记录、效度及观察结果

一旦选择了适当的行为类别作为观察的重点（第六章），为了能最大限度地进行可靠的观察（第七章），观察者就必须在观察情境设定中设计出系统的抽样观察方案。该方法与测定湖水纯度以供饮用的微生物学家的方法是一样的。很明显，他不能对整个湖水进行测试，所以这位专家从湖泊的多处位置抽取测试样本，这样总样本可以代表整个湖泊的水质。此外，在不同的时间点抽取样本，也可以使其在较长的时间内具有代表性。在课堂观察中也需要进行这样的抽样设计。

抽样步骤

面对随着时间推移发生的无数行为，观察者面临的一个问题是如何选择特定的行为进行观察。例如，观察者可以选择记录某--儿童在校期间的所有行为（通常称为日记式记录法或连续记录法）。然而，当他（她）观察这一个孩子时，对其他参与类似活动的孩子的行为就会有所忽略。因此，观察者必须提前决定所要采用的抽样步骤。赖特详述了两类有效的抽样步骤——时间抽样和事件抽样，接下来的内容将会对其进行阐述。它们中的每一种都可以用来量化信息，并追踪儿童的进步与发展、教师的活动或干预的有效性。

时间抽样

根据赖特（Wright，1960）的研究，使用时间抽样步骤的观察者需要关注在指定的、统一的时间段内所选定的行为（标志、事件）是否发生。“时间单位的长度、间隔和数量旨在确保针对目标现象的时间样本具有代表性。一般来说，需要事先对描述性行为类别进行编码，以便在现场进行快速且准确的判断，然后进行有效的评分”（p. 93）。因此，时间单位的长度、间隔和数量由观察者的观察目的决定。时间抽样适用于对快速且连续发生的行为进行抽样（如儿童互动或教师言语）。

一个有关时间抽样的例子是：观察者对二年级学生是否有能力继续完成一项特定的学习任务而感兴趣。那么他可以在科学课上的一段时间里，每隔5分钟观察25名学生，每人10秒钟，查看他们是否“开小差”。在进行观察前应制定一份被视为“开小差”行为的描述性清单列表，其中包括“四处张望”“离开座位”和“从事无关活动”等细节表现。观察者需要考虑的另一个问题是适当的样本间隔应该是1分钟、10分钟、1天，或者其他时间段。

制订抽样计划

根据时间单位对儿童的行为进行抽样的方法有很多。观察者可以：

- 使用符号标记某个行为是否在时间单位内发生，例如儿童使用特定的语言形式
- 统计某个行为在该时间单位内发生的次数，例如举手
- 标记某个行为是否持续了整个时间单位，例如儿童继续完成任务

观察者还可以判断他（她）所感兴趣的行为是否在该时间单位内发生。

表8.1（步骤A）中给出了一个合适的观察表格样式。在表格里，每名儿童“开小差”的行为将在每一个样本间隔中被记录下来，观察者可以根据被观察儿童的数量增加尽可能多的行数来进行记录。再次注意，观察者必须提

前拟定一份课堂“开小差”行为的清单。

重要的是使用一种简单的编码或缩写形式，便于记录观察到的行为。“步骤 A”仅仅包括一种行为类别，无须进行编码，使用符号标记来记录任一段 10 秒内发生的“开小差”行为。在更长的时间间隔内逐一观察每名儿童（观察 10 秒），观察者可以利用标记来记录每个时间单位内某种行为的发生次数。

表 8.1　时间抽样

步骤 A：课堂“开小差”行为[1]

时间单位

儿童	10:00	10:05	10:10	10:15	10:20	10:25	10:30	总计

步骤 B：课堂“开小差”行为（预编码）

儿童	10:00			10:05			10:10			10:15			10:20			10:25			10:30			总计		
	L	O	U	L	O	U	L	O	U	L	O	U	L	O	U	L	O	U	L	O	U	L	O	U

然而，关注课堂“开小差”行为子类别的另一名观察者会为特定行为制定一个编码系统。如表 8.1（步骤 B）所示。在表格中，观察者确定了以下编码：

[1] 在每个时间单位内，观察每名儿童 10 秒，记录 10 秒，然后转到下一名儿童，依此类推，记录每次发生的“开小差”行为。

L =（坐着）四处张望（Looking around）

O = 离开座位（Out of seat）

U =（坐着）从事无关活动（Unrelated activity）

在 L、O 或 U 列中对课堂“开小差”行为进行标记，无标记则表示课堂专注行为。观察者可根据被观察儿童的数量来调整记录的行数。

应注意的是，“步骤 B”可能与未编码的“步骤 A”记录完全相同的信息。使用步骤 A 的观察者不必简单地为给定的 10 秒时间单位打一个标记，而可以根据观察到的“开小差”行为类别来写 L、O 或 U。然而，在记录表上预先做类别编码的一个好处是，在编码的每一列下做检查标记记录要比记忆和记录编码容易得多。另一个优点是，当抽样结束后，观察结果被制成表格。观察者可以很容易地计算出每个孩子不同形式的课堂“开小差”行为的发生频率，并制订进一步的干预计划。

当然，在抽样开始之前，观察者必须记住编码系统（分类及其编码）；此外，观察者应始终在手边准备一份编码系统的列表以防记忆错误。显然，如果编码系统事先设计出用缩写字母或其他符号提醒观察者要观察的行为分类，那么这个编码系统就可以被容易且牢固地记住。（作为上述分类的“开小差”的行为编码，字母缩写 L、O 和 U 比数字 1、2 和 3 更容易被记住。）当这些编码在记录表的上方以一行的形式呈现时，它们便可以不断强化观察者对编码系统的记忆。

使用的编码系统越详细，在给定的时间单位内观察到的个体数量就越少。在观察之前，观察者必须在以下条件之间建立平衡：

- 最合适的时间单位
- 被观察个体的数量
- 观察所需的具体细节

一般而言，观察者应该：

（1）确定适当的时间单位，从而对关键行为进行抽样。

（2）使用简单的编码和格式以便记录。

（3）适当留出记录时间（当观察者未进行观察时）。

回到前面提到的二年级课堂上的“开小差”行为的例子，观察者可以只观察在场的 25 名学生中的一个行为样本，以获得关于每个孩子的更频繁或更详细的观察数据。

一般来说，时间抽样对于观察频繁发生且具有一定规律性的行为非常有用。然而，观察者必须意识到时间抽样可能会高估发生频率低或短暂的行为（Mann，Ten Have，Plunkett，& Meisels，1991）。沃莱里（Wolery，1989）建议时间抽样法的使用应基于至少 20 次观察。

事件抽样

事件抽样是由观察者对给定的事件或事件类别在每次自然发生时进行记录。当事件发生时，观察者使用编码系统对其进行编码，或者对其进行描述，如有需要，还可以描述该事件发生的前因和（或）后果。观察者可选择记录的事件范围实际上是无限的，同时取决于他（她）的观察目的，范围可从学生们使用的语言到他们所展示的自主学习技能。然而，正如夏皮罗和斯金纳（Shapiro & Skinner，1990）所指出的，事件抽样对于记录具有明确的起点和终点、低至中等的发生频率、持续时间短的行为最为有效。事件抽样的主要优点是，它允许人们观察事件的自然发生及其发生的前后情境。例如，一名学前教育或特殊教育的教师可能对儿童的自理能力感兴趣，会提前决定观察以下技能：

- 独立使用洗手间
- 清洗双手
- 系衣服纽扣
- 穿靴子
- 系鞋带

教师可以观察并记录每名儿童获得这些技能的日期或这些事件发生的时间。这种抽样可以让教师制定许多观察表以供使用。这些观察结果可以采用如表 8.2 所示的记录格式进行记录。观察者可以根据所观察到的行为以及儿童数量而使用尽可能多的行与列，并记录孩子展示这些技能的日期。

表 8.2　事件抽样

儿童的自理能力

儿童	独立使用洗手间	清洗双手	系衣服纽扣	穿靴子	系鞋带

在进行这样的记录时，教师可以为特定儿童或儿童群体确定行为发生的频率。（在一个有特殊需要儿童的班级里，这些类别可能需要被细分为更精细的条目。）

运用时间抽样和事件抽样的重点是，两名观察者可以同时观察和记录相同的事件，这样可以在之后确定观察者在抽样和记录方面的一致性或稳定性程度。然后，这些信息可用于记录儿童何时达到预期的学习或行为目标，如“能够一直独立使用洗手间（至少连续 5 天）”。

时间抽样与事件抽样的比较

总而言之，时间抽样和事件抽样具有各自的优点和局限，如表 8.3 所示。

表 8.3　时间抽样与事件抽样的比较

优点	局限
时间抽样	
• 观察者间一致性良好	• 可能无法准确表示发生频率低的事件
• 观察稳定性良好	• 对事件持续时间不进行评估

续表

优点	局限
• 对观察系统有效可控 • 对特定情境中发生的行为和事件可有效概括和归纳	• 相关事件发生的频率可能无法准确表示，例如，如果在每个时间单位内使用 +/– 符号，则在总计中在一个时间单位内频繁发生的事件可能无法充分表示
事件抽样	
• 有助于描述在观察开始前已经有详细记录的特定类型的事件 • 对每一个自然发生的目标行为都进行了抽样	• 打破行为的自然连续性 • 可能无法提供引发特定事件的信息

许多观察系统将时间抽样与事件抽样相结合。例如，教师表扬等事件的发生频率和性质引起了许多教育工作者的兴趣。《教师表扬和批评观察记录表》（*Teacher Approval/Disapproval Classroom Record*，TAD；White，Beecher et al.，1973）查看了教师在日常教学中口头表扬和批评行为的比率。观察者结合一节课的起始和结束时间，记录教师的每一个表扬或批评行为发生的时间点。记录具体的学生行为和教师反应，以及学生特征（表 8.4）。

表 8.4　《教师表扬和批评观察记录表》使用模板（A= 表扬；D= 批评）

开始时间	活动	时间	教师反应	学生行为
09:17	阅读小组，5 名男孩	1 小时 45 分钟	1. 你没有告诉我它的意思（D）	回答问题错误
快下课，11:02			2. 正确（A）	回答问题正确

该观察系统的有趣之处在于，每当表扬或批评行为发生时，观察者都有 20 秒的记录间隔。从总观察时间中减去总记录时间（间隔数乘以 20 秒），从而计算出实际观察率（然而，与其他系统一样，在记录期间可能会出现另一个表扬或批评行为，这些是无法包含在内的）。采用《教师表扬和批评观察记录表》（White，1975）的 16 项研究（K—12）的结果表明：

（1）一年级和二年级教师的表扬频率最高，随着年级的升高，表扬频率急剧下降，在一节课内降至 4 ~ 8 次。

（2）在小学阶段后，教师的批评行为会逐渐减少。

（3）在一年级和二年级中，教师的表扬比批评发生的频率更高，但随着年级的升高，批评比表扬发生的频率更高。

（4）教师的表扬用于维持教学进度的频率高于课堂管理。

（5）教师给予学习速度快的学生更多的表扬。

因此，时间抽样和事件抽样方法的有用性已经得到研究的充分证明。

间隔记录和持续时间计算

除了时间抽样和事件抽样外，还有其他可以帮助观察者确定持续性行为的抽样步骤，其中包括间隔记录和持续时间计算。

间隔记录涉及将观察周期划分为若干时间间隔。因此，30 分钟的课时可以分为 10 个间隔，每个间隔 3 分钟。根据观察目的和观察系统设计，观察者采用间隔记录可以详述：

- 行为的发生和不发生
- 每个间隔内目标行为的发生频率
- 间隔内行为发生的持续时间
- 间隔内行为发生的时间节点（开始、中间和结束）

当观察者对儿童行为的持续时长感兴趣时（比如破坏行为能持续多久，或者一个注意力高度分散的孩子能坐多久），他们就会使用计时工具对行为的持续时间进行记录。通过记录持续时间，观察者不仅可以报告行为发生的频率，还可以报告行为持续时间的长短。因此，教师可以准确地观察孩子在一项活动中可以坚持多久，或者观察孩子在一个学期内“开小差”（在课堂上）的时长。如果某种行为的时间间隔较短，则需要一个计时器（Alessi & Kaye，1983；Forster & Cone，1986；Shapiro，1987；Shapiro & Skinner，1990）。这类信息对于记录教师开始干预计划前与干预计划实施后的儿童变化与进步是至关重要的。

抽样的其他注意事项

行为类别的数量。观察者在某一时间点可考虑的行为的数量是有限的。梅德利和米策尔（Medley & Mitzel，1963，p. 330）认为，行为编码的类别数量不宜过多，很少有研究设置超过 10 个类别。对类别进行界定是可取的，从而使其平均频率大致相等。但经验表明，在某些情况下使用不到 5% 的时间的类别更加有效。使用超过 10 个或 12 个类别就会对记忆力产生更高的要求且需要大量的观察训练。这一问题对于那些对语音清晰度或大肌肉运动准确性等问题感兴趣的幼儿观察者和特殊教育者来说极具挑战性。

行为样本的代表性。为了确定大多数行为的代表性，有必要在同一天的不同时间点、不同活动和不同场合观察特定行为是否发生。如果一个行为仅发生一次或很少发生，那么它就不能代表整体行为。因此，在做出结论之前，评估行为发生的频率至关重要。

逸事记录就是一个例子。逸事记录通常由不寻常的行为（“他偷了我桌上的钱”）或单一的行为方式（消极的比积极的可能性更大）组成。遗憾的是，这样的信息经常伴随学生的学习生涯，即使这些记录并不能代表这个学生的整体表现。在最后的结果分析中，除非记录了所讨论的目标行为相对于其他行为的发生频率，以及目标行为在该个体及同伴群体中的发生频率，否则不能赋予逸事记录信息过多的权重。那么，在课堂内我们可以在一天中的不同时段，以及一周内的不同时间，在教室、健身房、操场等不同的行为环境中进行多次观察。任务十一将测试你选取代表性观察样本的能力。

任务十一：确定代表性观察样本

请指出任务十一练习表（表 8.5）中给出的哪些样本可能产生具有代表性的观察结果。完成任务后，请对照附录中给出的参考示例来检查你的回答。

表 8.5 任务十一练习表

确定代表性观察样本				
问题	行为样本	有代表性吗？ 有	无	原因
研究一年级儿童在校的专注行为	观察坐在特定班级的前排座位上的儿童的行为			
统计幼儿园班级中“多动”幼儿离开座位的次数	连续 5 天在上午 10:00—10:15 观察幼儿			
研究 5 岁儿童在操场上和不同性别同伴的互动情况	随机选择 4 名男孩和 4 名女孩，系统地轮流观察每名儿童 5 分钟，记录每名儿童与不同性别同伴互动的时间； 观察取样应在不同的日期和时间进行			

抽样的对象。除了对行为进行系统抽样外，还经常需要对儿童群体进行抽样。例如，如果我们的目的是确定某一特定办园类型的幼儿园中的幼儿是否在字母识别方面遇到问题，我们不需要观察每名幼儿。相反，我们可以在采用该办园类型的幼儿园的每间教室内随机地、无偏倚地挑选 10 名幼儿作为研究样本（例如：按照姓氏字母顺序排列的第三名幼儿；或者我们可以把孩子们的名字写在纸条上，将纸条放在帽子里，然后随机选出 10 名幼儿）。另一方面，出于诊断性目的，教师自己不妨观察每一名幼儿的能力发展。

如果另一名观察者对一年级学生自发地使用诸如“多”和“少”的关系词感兴趣，那么他可以选择一个有代表性的一年级教室，观察 5 名学生 10 分钟，依此类推，直至观察完所有学生。这个观察循环可以重复几次。

科瓦特拉库尔（Kowatrakul，1959）所报告的一种有效的抽样方法被称为“点抽样法”，观察者需要聚焦于一名学生，观察他足够长的时间来记录选定的一系列目标行为表现，然后继续观察下一名学生，直到选定的目标行为发生。科瓦特拉库尔运用这一方法研究了不同学科领域的学生行为与课堂活动之间的关系。

阿莱西和凯（Alessi & Kaye，1983）提出了另一个有效的抽样步骤，在观察一名行为需要特殊关注的儿童时随机选择和观察另一名具有一般代表性行为的儿童。观察和比较这两名儿童，可以帮助观察者了解第一名儿童的行为是否有较大异常，两名儿童的行为有何不同，以及教师与两名儿童的互动模式。

记录观察数据

观察过程的一个重要组成部分是立即记录观察到的行为。正如我们在时间抽样和事件抽样的讨论中所指出的，观察者不能依赖记忆；相反，如果要收集可靠的数据，观察者必须使用观察记录表。记录表必须事先设计好，以便及时汇总观察信息。尽管在文献中可以找到各种各样的记录表，但在 50 年前发展起来的“弗兰德斯互动分析系统”[西蒙和博耶（Simon & Boyer，1969）的研究中也有讨论]，是一个收集师生互动信息的类别系统，使用的是简单的记录步骤。

弗兰德斯系统已经成为使用最为广泛的观察方案之一，并已经被教授给那些想要观察和了解自己在课堂上与学生进行语言交流的典型模式的教师、实习教师、导师和辅导员。弗兰德斯将课堂中的师生语言具体划分为 10 个类别，如表 8.6 所示。弗兰德斯简单地将这 10 个类别从 1 到 10 依次进行编号。在记忆完编码后，观察者只需要写下单个数字就可以代表师生互动中的一种语言活动。观察者可以写下一连串的数字来表示课堂上正在发生的事情。正如西蒙和博耶（Simon & Boyer，1969）所指出的，观察者“不会记录所说的话，但他会有一个能推断出课堂气氛并描述教学风格的记录”（p. 116）。在记录观察时，观察者会对类别中的每一次变化做标记，并且至少每 3 秒记录一个行为类别编号（弗兰德斯在 1970 年的研究中讨论了一个涵盖 22 种课堂语言行为类别的系统，是对这 10 个基本类别的进一步细分）。

表 8.6 弗兰德斯行为分类类别

类别	数字	描述
教师语言	1	接受学生的感受
	2	表扬或鼓励学生
	3	接受学生的想法
	4	提出问题
	5	讲授
	6	指导
	7	批评或为教师权威辩护
学生语言	8	学生发言——有限性回应
	9	学生发言——广泛性回应
	10	安静或吵闹

来源：Simon & Boyer（1969），pp. 118-119

运用弗兰德斯系统对师生课堂语言行为进行 1 分钟连续观察，并填写顺序编码数据表，如表 8.7 所示的简单记录样表。通过阅读观察者收集的一列数字，我们就可以知道在 1 分钟的课堂时间段内发生的一系列语言行为。在比 1 分钟更具代表性的时间样本的基础上收集到这些“原始”观察数据之后，观察者就可以将数据转录成一个汇总表，该表展示了在课堂环境中各类师生语言活动的发生频率。[通常建议采用 20 分钟的观察时长（400 次标记）作为呈现课堂语言活动最低的合理时长。西蒙和博耶（Simon & Boyer，1969）详细描述了将弗兰德斯分类系统转录为汇总表格的具体步骤。]

表 8.7 语言行为数据表

情境：琼斯老师的一年级课堂			日期：6 月 3 日	
活动：时事讨论			时间：上午 10:50—10:51	
（1）4	（5）5	（9）7	（13）5	（17）7
（2）9	（6）6	（10）7	（14）9	（18）7
（3）9	（7）9	（11）6	（15）9	（19）4
（4）4	（8）7	（12）5	（16）9	（20）4

注释：括号外的数字表示编码。

观察者可以很容易地计算出在观察时间段内某一特定语言行为发生的时间的百分比。此外，通过总结观察数据，可以揭示教师在课堂上使用的语言模式或策略。以下问题可以通过弗兰德斯系统回答：

- 学生们多久在课堂上进行一次谈话？
- 与教师相比，学生们的话语量是多少？
- 学生们是互相交谈，还是只与教师交谈？
- 教师如何强化不同类型的学生行为？
- 教师采用何种策略使学生参与课堂讨论？

运用弗兰德斯方法来回答这些问题，观察者可以得出关于课堂氛围的结论，并对课堂语言交际策略做出推论。从简单、连续的类别数字记录中可以得出大量的信息。弗兰德斯方法是较早研究教育情境下教与学过程的观察方法（Evertson & Green，1986）。因为弗兰德斯系统具有简单性和实用性，所以我们对其进行了详细的介绍。

现已出现了若干适用于观察学前儿童的观察系统。例如，《学前儿童观察编码系统》（*Preschool Observation Code*，POC；Bramlett & Barnett，1993）是一个在研究文献中有干预基础的用以观察幼儿的新系统。POC 是供观察者在整个评估—干预过程中使用、分析注意问题等频繁出现的问题行为的类别系统。该系统的编码考虑了孩子的行为以及可能对干预至关重要的情境特征。POC 关注 3 大类问题行为（行为问题、社交退缩或孤立以及与学习问题相关的注意行为）。课堂环境涉及大组教学、小组教学、自由游戏和个人工作。POC 包括 9 类持续发生一段时间（状态）的行为类别，如游戏参与和社交互动，以及教师互动等 11 类事件类别。该系统采用时间抽样和事件频率记录。时间间隔长度为 30 秒，间隔 20 次（观察 10 分钟）。观察者首先观察儿童并对状态类别进行评分，然后使用每次间隔的间距时间来记录事件行为。培训观察者的步骤和技术资料有非常详细的阐述。

还有另一个关于学前儿童行为综合评价系统的例子（*Ecobehavioral*

System for Complex Assessment of the Preschool Environment，ESCAPE；Carta，Greenwood，& Atwater，1985）。ESCAPE 是非常重要的学前教育编码评价系统，包括 12 个大类、101 个编码——6 个大类涵盖课堂生态（如任务材料和活动结构等）、3 个大类涵盖教师行为、3 个大类涵盖幼儿行为。该系统在研究项目中用于评估目标儿童所接受干预的有效性，并为观察者提供有关教师与儿童互动的详细信息，同时考虑到教学和情境的特点。ESCAPE 旨在提供有关目标幼儿所接受的课堂教学的详细信息，涉及非常复杂的编码，因此需要大量的观察培训。培训观察者的步骤和技术资料也有详细的阐述。

其他记录格式

本节将会介绍另两种观察记录格式。教师 / 观察者可以很容易地根据自己的特定观察目的来调整这两种格式。

通过记录样表 A（见表 8.8），观察者可以：

- 详细说明所关注的特定发展领域的行为单位或行为类别（列）
- 列出要观察的儿童（行）
- 统计每名儿童在规定的观察时间段内被观察到的行为的频率（每一行的总数）
- 统计所有观察到的儿童的每种行为的频率（每一列的总数）
- 总计所有观察到的行为（总行数 × 总列数）

在使用表 8.8 时，观察者需要在表格顶部的斜列中列出要观察的行为类别。

记录样表 A（表 8.8）给出的格式适用于类别和符号系统，并且适于随着时间的变化来记录观察。如果观察者在不同的时间点用不同颜色的铅笔来统计发生的行为，那么他（她）就可以快速“锁定”孩子之间的差异以及同一个孩子在不同时间的差异。

表 8.8 记录样表 A

儿童	感兴趣的行为						总计 A	评价
总计 B								**总和**

注释：总计 A 是某一特定儿童所表现出的所有被观察到的行为的总和。总计 B 是所有儿童被观察到的每个行为类别的总和。总和是所有被观察行为的总和。

使用表 8.8，我们记录了针对两名儿童在自由游戏中所使用的语言的观察（见表 8.9）。通过转录观察结果，我们发现：吉尔在观察期间从不使用完整的句子，而是使用关系词；杰克使用了完整的句子，但没有使用关系词。我们还发现吉尔和杰克都提出了问题，但杰克提出了更多的问题。

表 8.9 自由游戏中的语言使用

日期：＿＿＿＿＿ 时间：＿＿＿＿＿至＿＿＿＿＿

儿童	感兴趣的行为：使用完整句子	提出问题	使用关系词	总计 A	评价
杰克·琼斯	////	### /	0		
吉尔·布朗	0	///	//		
总计 B					**总和**

记录样表 B（表 8.10）提供了一种记录的格式，观察者可以用它来记录一个孩子或一群孩子在一天的学习过程中所做出的各种行为。观察表核心位置的斜列中列出了有待观察的具体行为或特定活动。当然，这一部分可以根据观察者想要观察的活动或行为的数量而进行拓展。设置“观察开始”和“观察结束”两列，让观察者可以在课堂活动发生重大变化时继续使用同一个记录表。

表 8.10　记录样表 B

姓名：____________　日期：____________

观察开始	观察结束	活动周期					

关于如何使用记录样表 B（表 8.10），请结合教师在课堂上观察儿童的合作行为模式，采取以下步骤：

（1）界定表示合作的各类行为。

（2）在记录表的斜列中列出这些行为（活动）类别。

（3）开始观察时，注明时间。

（4）记下正在进行的活动的时间。

（5）统计相应列中记录的每类活动的发生次数。

（6）记下每个观察期结束的时间。

教师可以在一段时间内使用相同的记录样式，并记录儿童在表现出合作行为时的日期（如有需要，还可以记录具体的情境）。为了得到更多的观察数据，以便更好地回答研究问题，观察者可重复整个流程，循环多次，保证有足够数量的观察周期。

记录样表 A 和记录样表 B 给出了示例，均可用于记录和整理教师所观察到的信息。有规划的、有体系的记录既能促进观察，也有助于日后的审查和分析。但是，需要注意的是，尽管图形符号在某些特定情况下是有用的，但观察者也要注意计算和确定特定行为发生的概率。

这里，我们无意于列出教育领域内所有形式的记录表格。当开始处理各种各样的观察问题时，你会根据实际需要设计出带有个人风格的表格。

整理和总结观察结果

观察到的结果必须经过整理和总结，观察者才能推断出所观察行为的性质与程度以及教学和行为干预产生的效果，以此来进一步促进教师与家长的沟通。正如我们在本书中给出的建议，观察结果可以通过多种方式来进行整理和总结。例如，收集到的照片和视频可以放在儿童的档案袋中。当儿童具备某种技能或者表现出目标行为时，可以使用表格记录这些事件发生的时间。坚持定期地写观察日志，可以记录儿童逐渐掌握技能的过程。这些观察可以反映出儿童的学习目标以及他们展示技能的环境背景。基于一段较长时间的观察得出的评价分数可以帮助评估儿童行为的发展变化，尽管这种评价对于评估儿童行为产生的原因或者环境帮助不大。动态的观察记录和视频记录可以展示儿童行为的综合表现，有助于计算出儿童行为发生的频率以及事件发生的顺序。

在使用观察系统时，观察者可以根据收集的观察样本和使用的观察步骤，以多种方式来分析观察结果。这个过程涉及目标行为发生的频率、百分比、比率的计算或者是特定行为在一个观察时间段内所持续的时间的计算。特定行为发生的百分比可以通过每个类别中记录的行为数量除以观察行为的总数来计算。如根据表 8.9，我们可以确定这一组儿童的每一种语言形式的使用情况的百分比，计算公式是：

$$\frac{\text{总计 B “使用完整句子”}}{\text{所有儿童使用的所有语言形式的总和}}$$

表 8.1 的步骤 B 就是一个计算行为发生比率的例子，我们可以将 L（“四处张望”）行为发生的总数除以 7 来计算出一个儿童“四处张望”的时间的百分比。我们还可以使用秒表来计算在这几个观察周期中某些事件（如哭泣）的持续时间。重要的是，这种长期观察的结果可以被绘制成图表，并且用于记录儿童技能的获得、特定教学策略以及干预的效果。

有效观察

如果观察和记录的内容与真实事件不符，那么观察时所付出的努力就白费了。首先，观察者必须考虑这些行为是否符合观察的目的。其次，观察结果的有效性取决于观察记录对实际发生情况的代表性。系统的、不重复的行为分类方式和清晰的行为定义有助于观察者对行为进行客观分类，并提高观察的一致性或可靠性。最后，最好有计划地从其他人那里收集佐证性意见。即使做到了以上几点，我们的观察记录可能仍然不能充分地反映现实，那些带有偏见的观察就是最好的例子。可以通过定期询问以下问题来关注和消除偏见：

- 我试图从所有行为中抽取什么样本？
- 为什么我对自己从观察中所提取的特定信息感兴趣？
- 我是在客观地记录我所看到的吗？
- 我在无意中夹杂了偏见吗？
- 我观察了足够长的时间了吗？我从不同的环境中获得了儿童行为的清晰画面了吗？

- 我记录下所发生的事情了吗？

同样，观察者提出的观察问题以及对该领域知识的了解将会影响其对这些问题的解答，特别是影响观察时选择的观察形式。行为观察测量的有效性至少取决于两个条件：

- 必须观察一个有代表性的行为样本。
- 必须对观察到的行为进行完整、准确的记录。

在记录和整理观察结果时，反思提升观察的可靠性和有效性的步骤，观察者面临的最主要的问题是自己。得出结论和解决问题的部分需要观察者做出推断，而这些推断是在理解收集到的观察信息后做出的。观察者将观察结果和所研究的变量（如攻击性、焦虑、动机等）联系起来，也就是用推断将行为和概念框架联系起来。比方说，当看到一个儿童在打另一个儿童时，观察者就可以得出结论（推论）——这种行为充满敌意或攻击性。这个过程的缺陷在于通过观察会得出错误的推论。譬如两个或两个以上独立的观察者会注意到，当非裔美国家庭搬进某些社区时，白人家庭会搬离这个社区，可由此推断这个社区的房价会下跌。然而，房产分析可能表明，房价并没有下跌。因此，虽然观察者观察到了某些行为，但是所得出的结论是无效的、被质疑的。若要估计房价，应该统计所有搬进来的家庭所支付的房价。

另一个问题是，得出推论与所需要的观察数量有关。例如，在得出一个儿童具有“攻击性”或“敌对”行为的结论前，我们有必要考虑这个儿童多久且会在什么情况下对另一个儿童进行身体上的攻击。对于不同的观察者来说，这个问题的答案会有很大的不同。观察者自身的知识、对所观察的行为以及儿童发展阶段特征的理解都会对答案产生很大的影响。

观察效度的类型

在根据观察数据做出推论和解释前，观察者应该考虑其他评估方法所要求的各种效度——内容效度、效标效度（同时效度和预测效度）以及结构效度（Cone，1982；Hoge，1985；Kent & Foster，1977）。

内容效度。观察步骤（日程计划、评分量表、检查表）的抽样是否充分或者所关注的行为是否具有代表性？观察问题是否得到了充分的细化？观察的类别是否详尽地反映了观察问题？内容效度是确保观察过程有效性的基本元素，因此，详细说明内容效度的过程是非常重要的。

效标效度。效标效度有两种类型——同时效度和预测效度。同时效度回答了一个问题：观察到的行为与其他外部标准（如考试成绩、学校表现记录、其他观察数据和在同一时间收集的家长报告）有何关系？观察外收集的其他数据，有助于证实观察的推断。例如，观察到一个儿童在无组织的集体活动中注意力分散的程度增加，注意力集中的程度降低，我们可以得出这样的结论：儿童在无组织的环境中没有做出有效的反应。心理测试数据表明，在一对一的情况下，儿童有能力关注细节，专注于搭积木或拼图等任务［《韦氏儿童智力量表（第三版）》，1991］。这一发现为证明儿童在适当的环境下能够专心提供了确凿的证据。支持基于观察的推论的其他数据和证据越多，推论就越可信和有效。

预测效度解决的问题是："观察结果与未来表现的关系或预测未来表现的准确性如何？"信息来源包括教师观察、考试成绩或课堂表现。

结构效度。观察工具的开发人员必须要明确的问题是：观察到的目标行为是否真的符合或能够代表观察者所感兴趣的心理特征或结构（如"独立性""创造性""角色扮演能力""智力"等）？有助于支持结构效度的证据主要是在不同时间、从多种来源中收集的相关数据，这些数据来源包括用不同方法对相同结构进行测量数据的比较，以及对不同发展水平的个体和在不同环境情况下进行相关的研究。

收集的效度数据的范围和类型取决于观察信息的使用。当数据用于监测与课程相关的进展时，内容效度是主要的指标；当数据用于评估时，观察步骤必须记录内容效度和效标效度。

做出解释

当从观察数据中做出推论或得出结论时，我们是做出解释或者给观察到的内容赋予意义。解释源自理论、过去的经验和当前的观察目的（McCutcheon，1981）。这些使我们所观察到的内容“有意义”，并帮助我们“理解”观察到的内容。至少有五种解释的路径：

- 在观察中形成模式，例如推断教室内活动的顺序和规则。
- 解释观察行为的社会重要性与意义。例如，麦卡钦（McCutcheon，1981）在研究中写道：“我们可能观察到学生在课堂中点头。身体行为可以描述为学生轻微地上下移动头部……这里的点头是什么意思？”点头可能意味着不同的事情。学生们是否跟着教师的思路？是否同意教师的想法？是否出于礼貌假装有兴趣？是否睡着了？是否表现出了某种习惯？
- 与外部因素有关的观察（如理论、哲学和历史事件）。
- 与儿童发展数据相关的观察。
- 与环境相关的观察，包括物质环境部分和精神环境部分（尤其是教师）。

在解释观察结果时，人们可能会强调某一种类型的解释，而不是其他类型的解释。解释观察所产生的意义来自我们所观察到的内容和所经历的事件之间的转换。因此，解释既是主观的，也是客观的。解释还必须与后续的指导计划和行为干预措施相关。

确定观察系统的适当性

表 8.11 列出了观察者应询问的问题，这些问题涉及观察内容、采用的观

察技巧及其适当性。当观察者有了一些经验后，会自然而然地提出这些问题，也就不需要再查阅列表了。

表 8.11 确定观察系统适当性的注意事项

1. 开发该观察系统的目的是什么？
   A. 你所陈述的目的与目标行为相符吗？
   B. 你要观察什么（你要做出什么行为定义）？
   C. 整个过程会受到某些特定理论的限制吗？
2. 观察是否满足可靠性的条件要求？
   A. 被观察的行为需要足够具体，相互排斥（不要相互重叠），并且穷尽分类（所有关注的行为都可以被分类，但是详细的分类取决于特定的观察目的）。
   B. 归类时要足够精细，这样两个或两个以上的观察者可以将观察到的行为放到同一类别中。
   C. 观察者是否有必要做出解释？
   D. 展示了哪些信度的数据？
3. 采用什么类型的系统？
   A. 分类系统：观察到的每个行为都被归类到特别的分组中。
   B. 标志系统：事先列出选定的行为，在一段时间内可能会被观察到，也可能不会被观察到（如检核表、评定量表或观察计划表）。
4. 使用的抽样步骤是适当的吗？
   A. 抽样的步骤是系统性的：
      时间抽样——在统一的时间内某些行为是否发生。
      事件抽样——记录每次事件发生时的过程。
   B. 观察步骤具有可行性吗？
      你如何抽样所要观察的个体？
      在什么时间段进行观察？
      考虑到人数和时间，可以观察到所有所需的行为细节吗？
   C. 观察的编码系统是什么？
      这个系统复杂吗？
      计数或者编码需要记忆吗？如果需要编码，是否需要在记录表上标明编码？
      记录格式是什么样的？
   D. 被观察到的行为是否具有代表性？
      有多少行为可以被看到？
      在哪些时间段进行观察？
      抽样观察多少儿童样本？
5. 观察的效度如何？
   A. 你观察到的行为与你做出的推论和解释有关吗？
   B. 是否消除了偏见的来源？
   C. 如果使用现成的观察系统，是否有研究证明系统的效度？

续表

6. 学习这个系统需要哪些培训？
7. 如果有研究报告过使用了该系统，其研究结果是什么？
8. 为了使系统与研究目的相匹配，需要对系统进行哪些修改？
9. 你尝试使用过这个系统吗？
A. 这个系统能捕捉到你感兴趣的特定行为吗？
B. 这个系统容易使用和解释吗？
C. 这个系统是否对你所关注的群体具有文化敏感性？

在采用已出版的研究工具或观察技术之前，观察者必须评估他们的观察需求，这一点至关重要。这一系列为课堂观察者设置的观察课通常会令他们感到困惑，因为他们不确定哪种构成法更适用于目前的教学环境。西蒙和博耶（Simon & Boyer，1967，1970，1974）的《行为的镜子》（*Mirrors for Behavior*）、埃弗森和格林（Evertson & Green，1986）的《教学研究手册》（*Handbook of Research on Teaching*）、福斯特和科恩（Foster & Cone，1986）的《行为评估手册》（*Handbook of Behavioral Assessment*）以及夏皮罗（Shapiro，1987）的《学校心理学的行为评价》（*Behavioral Assessment in School Psychology*）都是帮助评估特定的观察过程的有用资源。戈登和杰斯特（Gordon & Jester，1973）回顾了在学前教育阶段（包括家庭托儿所和日托以及幼儿园教室）观察教学的技巧。最后，博耶、西蒙和卡拉菲（Simon，Boyer，& Karafin，1973）编辑了一本有关儿童早期观察工具的选集。

观察中的伦理问题

鉴于目前公众对未经家长事先许可或知情的情况下进行的学校活动（心理测试和其他形式的评估）存在质疑，我们必须考虑到有些观察方法会侵犯隐私和人权。我们不能否认每个人在日常生活中都会定期且合法地观察他人。根据观察目的的性质，如果有人在没有被告知或未经事先许可的情况下被观察，就构成了侵犯隐私。对于幼儿来说，观察者必须要得到家长的允许。然而，随着儿童逐渐意识到他们的权利，我们有必要告诉儿童我们的观察目的，即使这样做有可能影响数据的收集（Russell Sage Foundation，1969）。

大多数的课堂观察者不会侵犯儿童的隐私。学前教育研究专家观察儿童在各种课堂中的学习情况，是为了制定更有效的教学策略（只有当数据收集超出了研究范围时，才可能会侵犯儿童的隐私）。例如：新手教师通过课堂观察，可以增强对教学行为和儿童发展的理解；特殊教育者可以观察干预措施的有效性；学校心理教师通过观察问题行为儿童，能够更好地理解问题的本质并确定课堂环境是不是造成问题的原因。

社会科学家、儿童发展研究人员和教育工作者一直在努力解决研究中的隐私问题以及数据的用途问题。美国心理协会（American Psychological Association）的《人类参与研究的伦理原则》（*Ethical Principles in the Conduct of Research with Human Participants*，1982）（目前正在修订）和美国儿童发展研究会（Society for Research in Child Development）于 1982 年发布的报告中都强调了儿童的权利以及必须尊重儿童是否愿意参与研究的意愿。虽然录音和录像有助于收集更全面的观察信息，但在使用相关仪器时必须考虑到伦理因素。

像大多数伦理问题一样，在观察研究中侵犯隐私权是一个复杂的、多方面的难题，不是那么容易解决的（Brandt，1972；Fisher & Tyron，1990）。然而，当把观察当作一种探究方法以及推论的来源时，我们就必须考虑伦理问题。莱因戈德（Rheingold，1982）总结了一些在自然真实的环境中对儿童进行研究的重要的伦理问题和步骤，如知情同意原则和保密原则。另外，全美幼教协会于 1996 年发布的《伦理行为准则——幼儿教育中的伦理行为指南》（*Code of Ethical Conduct*：*Guidelines for Responsible Behavior in Early Childhood Education*）讨论了学前儿童教育中的伦理行为的准则。

由于观察是评估学前儿童的重要手段，因此还应该注意一些其他问题。其中包括不恰当地使用观察结果，产生错误的否定（即错过有特殊需要的儿童）或错误的肯定（即过度肯定没有特殊需要的儿童），或者在实施干预措施时犯错，造成“自证预言”[1]，以及产生污名化效应（Adelman & Taylor，1984）。

如果观察花费了较长时间且系统有序地进行，许多问题是可以避免的。例如，收集足够多的观察结果可以避免错误的肯定和错误的否定。然而，如果通过观察做出了干预建议，那么得到家长的许可至关重要，有必要向他们解释观察目标的内容以及观察信息将如何使用。当然，如果观察结果被用作研究论文的一部分，也需要征得儿童家长的同意。

[1] 自证预言（self-fulfilling prophecy）是一种在心理学上常见的现象，意指人会不自觉地按已知的预言来行事，最终令预言发生，也指对他人的期望会影响对方的行为，使对方按照期望行事。——译者注

第九章

教师作为观察者

帕雷德夫人是一年级的教师，她很担心格雷戈里的行为。他经常焦躁不安，在课堂上哭泣。为了理解格雷戈里的行为，帕雷德夫人决定观察并记录在学校的哪些活动中，格雷戈里会不安或哭泣以及这些行为发生的频率。

幼儿园特殊教育指导教师在新教师的课堂里观察儿童，帮助教师们了解特殊儿童的需要并制定相关的支持措施。

莫里斯夫人是一家住院治疗中心的舍监，她关心自己负责照顾的 8 名儿童的身体健康。每天她都会系统地记录他们的身体特征（比如肤色、头发和指甲）来确保一切如常。

上述例子为我们提供了在学校和相关环境中观察时所使用的各种方法。前文已经讨论了观察技巧和设计观察系统的主要因素，本章我们将会考虑在课堂上使用系统的观察技巧和根据具体的课堂问题制定观察时间表等内容（Benjamin，1995）。

作为观察者的教师

尽管使用教师团队教学和课堂辅助人员等创新举措能为个人参与持续的课堂观察提供可能性，但大多数系统的观察是由社会工作者、学校心理教师、研究人员和其他非授课的学校工作人员进行的。一般来说，当教师使用观察技巧时，他们通常没有条理，只是单纯地记住所观察到的行为，当一天的观察结束后，在适当的时间进行记录。现在这种情况正在迅速改变，因为幼儿教师经常被要求进行系统的观察。尽管在教学过程中很难进行持续的观察，但是这种观察是很有必要的，因为教师可以根据观察结果来及时调整教学活动，以满足儿童的发展需要（Barnett & Carey，1922）。下文列出了一些可供选择的方法，可以使教师在课堂上进行有建构性的、系统性的观察。

- 通过与配班教师、准教师、其他科任教师合作，教师可以制定一个适当的观察时间表，进而分配观察任务。
- 当没有配班教师、准教师、其他教师时，除了常规教学时间，教师可以根据时间安排，每天在固定的时刻进行系统观察。比方说，教师可以安排并记录班级幼儿参与的各种活动。观察者每天在活动开始和结束时分别观察 5 分钟。儿童参与活动的过程可以被观察到。与收集观察数据所带来的巨大收益相比，观察活动所耗费的时间是很少的。举个例子：为了获取有关教室内同伴互动模式的信息，教师可能会选择一个由 5 名幼儿组成的样本，并决定观察他们与同伴互动的情况；在选定的天数内，在每天 4 小时（上午 9:00 至 11:00，下午 1:00 至 3:00）的课堂时间中，观察每名幼儿 1 分钟。
- 教师可以扮演一个“参与式观察者”的角色，在与被观察的幼儿互动时记录观察结果。这种观察在学前阶段十分重要，教师可以在短时间内观察并记录一些被定义类别的师生行为。教师也可以在观察到新出现的行为或者期望的学习结果时，使用卡片、清单或其他方式进行记录。

教师作为观察者会遇到的问题

即使教师不参与课堂活动，只是在课堂上扮演观察者的角色，他们也必然会或多或少地对学生的某些行为产生影响。如果教室里还有其他人（比如校长），那么观察者可能会得到不同的观察结果。

一个更棘手的问题是“晕轮效应”（见第三章），也就是教师以前的知识和经验以及他们过去的行为对能否客观地观察到当前行为是有影响的。例如，根据过去的经验，教师认为唐纳德在课堂上非常专注，并且倾向于忽略唐纳德表现出的“开小差”行为。另一个例子是，许多教师认为来自社会经济地位较低家庭的儿童的语言表达能力较差，可能会忽略他们在课堂上优秀的语言表达。

缓和晕轮效应影响的一种方法是在观察过程中的某个时刻让更多的局外观察者参与，以确定教师观察的有效性。我们做出的假设是，一个局外观察者没有观察儿童的经验，对儿童也不会存在预设的期望。

毫无疑问，对每名班级儿童保持定期的观察记录是一个持续的挑战，这很耗费时间，同时观察活动需要受到学校的重视。然而，持续定期的观察带来的益处使这一挑战变得值得。观察记录是全美幼教协会规定的学前儿童发展适宜性教育中的重要组成部分，这些观察记录数据可以供我们与其他儿童教育者以及家长分享，而且重要的是，我们可以鼓励家长在家里观察儿童的目标行为并分享观察结果。

通过观察技巧解决课堂问题

我们已经介绍了在课堂上可能使用观察方法的各种例子。现在让我们考虑一些通过观察技巧可以解决的一般性课堂问题。

确定教育方案和课程的有效性

教师们已经通过当前的教师培训计划、教育文献、地方学区计划和传媒接触到各种各样的创新、理论方向和处理日常学习及课堂行为问题的方法。观察技巧可以帮助教师适应和运用这些“新”的教育理念。在运用旨在改变学习或其他课堂行为的新课程、新理念和新方案之前，教师应收集那些会影响学生行为的基线观察数据。

如表 9.1 所示，我们假设一名教师打算实施一个强化课堂行为的干预方案，目的是增加学生在课堂上完成指定任务的时间。在实施这种干预方案之前，教师必须收集有关学生行为的观察数据。观察者收集第一天和第二天的基线数据。强化行为的干预在第三天开始实施，并且持续一段时间。观察应该在这段时间持续地进行，以确定学生的行为是不是真的因为干预方案的实施而发生改变。表 9.1 可以用来记录观察者在这段时间观察到的情况。（我们在这里展示的记录只有 4 天且只涉及 2 名学生；在现实中真正实施和观察一个强化干预方案会涉及更多的学生和更长的时间。）对于这个观察样本，目标行为被定义为学生完成指定任务的时间量。

表 9.1　学生完成指定任务的时间表

学生 A						
第几天	**阅读**	**数学**	**写作**	**其他**	**学生完成任务的时间**	**学生完成指定任务的总时间**
1	20	20	5	10	55	110
2	20	20	4	8	50	120
3	22	18	12	13	65	100
4	25	22	18	19	84	120
学生 B						
第几天	**阅读**	**数学**	**写作**	**其他**	**学生完成任务的时间**	**学生完成指定任务的总时间**
1	15	15	10	10	50	110
2	12	17	8	11	48	120
3	18	20	10	7	55	100
4	22	25	15	12	72	120

注释：粗线表示分界

经过多天的观察，教师可以计算出每名学生在任务中付出时间的百分比，也就是用学生完成任务的时间除以学生完成指定任务的总时间。观察时间表（表 9.1）上记录的信息可以转换成图 9.1 。如表 9.1 所示，学生在第三天完成指定任务的总时间为 100 分钟。通过观察，我们可以发现学生 A 在任务上共花费了 65 分钟。用 65 除以 100，我们可以认为学生 A 在第三天的任务上花费了 65% 的时间。用同样的方法计算，我们算出了学生 A 在第四天完成任务所用时间的百分比，并将对应数字绘制在图中。依此类推，学生 B 的任务时间百分比可以用同样的方法计算。

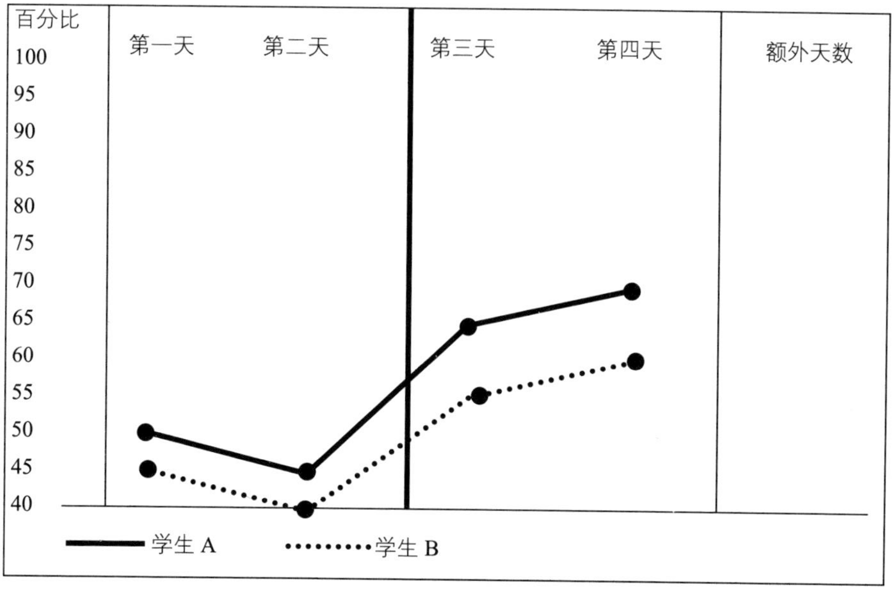

图 9.1　任务时间的百分比

图 9.1 给出了第一天和第二天在实施强化行为干预方案前两名学生表现出的课堂任务时间百分比的信息。如果干预方案是有效的，那么完成课堂任务时间的百分比应该增加。教师根据图中的百分比可以得出结论：两名学生的课堂任务时间的百分比都增加了（也就是说强化行为的干预方案起作用了）。为了验证这个结论，教师应该撤销干预方案，并观察课堂任务时间是否会减少。在确认干预方案对行为的影响后，教师会重新实施干预方案，期望学生的课堂任务时间百分比再次增加（Alessi & Kay，1983；Shapiro，1978）。

研究儿童发展的差异

观察技巧的运用可以提供一个有效的手段来向教师传达不同发展程度的儿童间的基本差异。通常，刚从师范学校毕业的教师很难在他们的班级中为不同年龄的幼儿设定合适的期望和发展目标。对连续年龄段的儿童进行系统的观察，可以提供一种非常有效的方法来了解不同年龄层次的儿童的行为差异，并跟踪儿童技能发展与学习和行为目标的关系。例如：虽然 3 岁的幼儿系鞋带有些困难，但 7 岁时他不仅能轻松地把鞋带系上，还能展现出很多完成其他精细活动的能力；5 岁的幼儿在看天空中的飞机时，无法描述飞机的真实尺寸和飞行速度，但到了 10 岁，他就可以理解距离对飞机大小和速度的影响。认识到不同年龄段的儿童在认知、情感和运动行为方面的基本差异，教师就有了更坚实的知识基础来进行教学和规划课程。

儿童学习活动的诊断性评价

某些课堂评估由事件抽样方法演变而来，将事件或问题情境呈现给每个儿童，教师观察每个儿童在处理这些事件或问题时所使用的策略。例如，教师可能会观察儿童处理两位数加法进位的问题，注意到某个儿童在运用进位策略时有困难，而另一个儿童在对齐数字时有困难。为了进行系统的评估，教师应事先准备一份相关的策略清单，并且列出在这项任务中儿童可能出现的错误，然后在观察时集中注意儿童在完成任务时这些策略和错误是否出现（例如表 9.2）。

表 9.2　两位数加法计算中可能出现的问题

姓名	不需要进位的加法	正确对齐数字	将每一列分别相加	进位

对于观察儿童在课堂上完成一项任务（如加法计算），教师可以观察到儿童在这个过程中的学习策略，而另一种情况是让儿童独自完成作业，这时儿童可能会犯错。在后一种情况中，很难确定儿童在学习过程中犯错（即在解决问题时遇到困难）的原因。只有通过观察儿童解决问题的过程，教师才能准确地知道一个儿童可能需要什么帮助。

课堂观察

以下是教师在开发课堂观察系统时应考虑的各种问题的总结。在提出这些问题时，观察者应该意识到观察的性质并对观察记录所产生的推论保有信心。每个问题后都有应用实例。

（1）问题的本质是什么？你面临的问题是什么？清楚地定义问题和相关的目标行为。

位于大城市的一所学校的一年级教师为学生建立了一个资源中心。这个中心为学生提供参与各种学习活动的机会，以此来提高学生的阅读和写作能力。学校的三个一年级班级每天大约有25分钟在中心里上课。在上课的这段时间内，学生会完成一项他们从30个学习活动中挑出来的学习任务。这些活动有仿写、看图识字、分类、边听边看等。当儿童完成了一个学习任务，并且让教师或助教检查后，他们可以选择另一个任务。教师们想知道的是如果没有教师、助教或其他学生的帮助，一年级学生是否可以独自选择并完成这些任务。如果需要帮助，他们愿意提供帮助并进行记录。教师提供的帮助包括把任务分解成更小的组块，引导学生找到资源，定义陌生的词汇，提供任务的相关信息，鼓励学生进行尝试等。

问题：一年级学生可以在多大程度上独立选择、完成学习活动？如果需要帮助，需要怎样的帮助？

（2）为什么系统的观察有助于处理问题或回答问题？

教师认为通过观察，他们将能够系统地记录学生在资源中心里的行为。教师可以仅观察已完成任务的学生。通过对学生行为的观察，了解学生所需帮助的种类，教师们收集了更多的信息，便于得出结论，更直接地回答关于学生独立性的问题。此外，经过一段时间的观察，教师还可以了解不同儿童在没有他人帮助的情况下完成活动的差异。

（3）在观察行为的环境中，有哪些相关特征？（环境特征涉及空间、布置和在场人员。）

A. 环境对可能发生的行为有什么影响？

一年级班级平均由25名学生组成，而且资源中心由标准大小的教室组成，因此学生的行为在范围上受到一定的限制。由于学生距离近，这样的安排会鼓励学生之间的语言交流和“相互帮助”。当然，与其他可能的学习材料相比，特定的学习材料的可用性也会限制其行为范围。

B. 环境内部的布置是什么样的？

30个学习活动都被编号并放置在教室内的不同位置（如书架、窗台、地板的角落和桌子等）。

C. 观察环境中的人物有哪些？被观察群体的哪些特征应该被考虑？

除了25名学生外，还有一名教师、一名助教和一名观察者。助教事先接受过使用学习材料的培训，可以根据学生需要提供指导性帮助。观察者是另外一名一年级的教师。当被观察班级使用资源中心时，该观察者会出现在教室内。

（4）鉴于你观察的重点和对该问题领域的了解，你打算考虑的行为范围是什么？

教师会考虑：

- 学生对活动的选择（学生在一天内会选择什么任务？他在一段时间内选择的任务范围是什么？）
- 任务完成的过程（学生有没有请求教师、助教或其他人的帮助？）
- 学生请求帮助以及对帮助的反应
- 任务的完成

此外，探究这些行为与学生最终的任务成果的质量之间是否存在联系也可能是一件有意思的事。

（5）你会关注学生的哪些行为或者明确定义哪些行为？

对学生的行为进行深入的分析。在确定可观察行为的分类列表时，先考虑是否可以使用先前已有的观察表。确定标志系统或分类系统是否适用于问题：这些行为的分类或标志是否相互排斥？你考虑的行为类别的清单是否详细？

在教师们搜索可以使用的观察记录表时，他们找不到观察行为类别与其观察目的相符合的列表。

教师想要找到某些特定行为的证据。他们采用了标志系统，也就是说，使用以下特定行为类别来标记观察结果：

- 儿童从30个学习活动中择其一，然后把材料拿到指定区域。（如果儿童只是看看材料而没有把它们带到指定区域，这种行为不会被归类为选择任务。）
- 儿童通过手势、口头语言或二者的结合向教师、助教或另一名学生请求帮助。（如果儿童要求喝水或仅仅与教师、助教及其他学生交谈，那么不会被归类为请求帮助。）
- 教师、助教或其他儿童提供帮助。在提供帮助时，助教将在记录表中记录所提供的援助种类。
- 儿童通过向教师或助教展示成果来表示给定的任务已经完成。（如果儿童只完成了一部分任务，他会被鼓励继续完成——这并不属于帮助。）

（6）什么抽样方法（时间或事件）将最有效地记录有代表性的观察结果？

A. 你会选择观察所有学生，还是选择观察一个有代表性的样本？

教师决定哪些儿童将被观察以及观察的频率。由于单个教师不可能同时观察所有的儿童，因此有必要每天对儿童进行抽样，并对他们的行为进行系统的观察。教师们可采用时间抽样，也就是说，他们决定每天观察预先选定的 5 个儿童。于是，在每周（为期 5 天）的学校课程结束时，在资源中心里的 25 个儿童都会被观察到。

B. 你应该多久观察一次，以便有足够的观察数据来支撑结论？

为了在不同时间点观察五个儿童中的每一个，教师 / 观察者可在 5 分钟的时间段内观察 5 个儿童，每个儿童的观察时间为 1 分钟。教师 / 观察者随后循环这个过程 3 次，以便 5 个儿童中的每个都被观察了 4 分钟。这个过程每天都要循环进行，每次观察 5 个儿童，直到 25 个儿童都被观察过为止。

教师在每个月的第一周重复这个观察过程，记录学生的进步，并向家长反馈。

C. 在学校的各种环境和活动中观察对象需被观察到何种程度，才能充分地回答特定的观察问题？（不适用于此特殊观察问题。）

（7）记录表应该设计成什么格式才能对你的观察最有用（可参照表 9.3）？

表 9.3　资源中心的儿童行为记录表

第一周 第一天		儿童 1	儿童 2	儿童 3	儿童 4	儿童 5
第一轮观察 日期：	选择的活动					
	提供帮助的类型 *,**					
	对帮助的反应					
	独立执行任务					
	完成任务					
第二轮观察 日期：	选择的活动					
	提供帮助的类型					
	对帮助的反应					
	独立执行任务					
	完成任务					
……	……					

* 代称：教师（Teacher）=T；助手（Assistant）=A；其他儿童（Other Child）=C

** 提供帮助的类型：把任务分解成更小的组块，引导学生找到资源，定义陌生的词汇，提供任务的相关信息，鼓励学生进行尝试等。

（8）你对观察计划的信度有信心吗？你怎么能证实这一点？

教研员同意促成这个观察项目。教师们请附近的一所大学的学生来帮忙收集观察资料，以检验观察的一致性。这些大学生也可以利用所收集到的观察信息来完成相关的课程作业。观察者参加观察培训课程，练习使用观察系统。

为了确定观察方案的可靠性，两名观察者连续两天在资源中心内进行观察，然后可以确定两人在记录儿童请求帮助的情况时的一致性程度，也可以通过这个观察过程来计算和确定儿童倾向于选择某个任务的百分比。观察者之间的高一致性表明了观察具有高信度。

（9）根据收集到的观察数据，你能做出什么结论或推论？

可以就以下问题得出结论：

- 哪些任务被选择了？分别有多少儿童选择？
- 完成了哪些任务？分别有多少儿童完成？
- 是否存在特定的任务比其他任务完成得更频繁？
- 儿童多久请求一次帮助？哪些儿童需要帮助？儿童寻求谁的帮助？有哪些形式的帮助？
- 观察到的三个班级之间有差异吗？
- 关于资源中心的使用，可以做出什么推论？
- 数据可以用图表来概括和呈现吗？（使用图表有助于向他人传达观察结果。）

（10）你实现观察目标了吗？如果没有，你能更清楚地重新定义观察问题，从不同的角度关注不同的儿童行为吗？（换言之，你能尝试使用另一种方法吗？）

尽管教师可以使用解决问题的其他替代方法，但所运用的方法应能帮助教师回答上述问题。

（11）除了系统观察、心理测试、对照实验外，你是否考虑过使用其他方法来处理问题？（不适用于所给出的示例。）

第十章
媒介与观察之间的关系

在本章中，我们将简要介绍观察者与观察媒介之间的相互关系。观察可以在现场进行，也可以通过照片、电影、录像带、录音或这些媒介的任意组合进行。越来越多的教室使用音频和视频来记录儿童的行为。每一种媒介都有其独特的特点，会影响到观察过程。举个例子，即使是最熟练的速记员也无法用纸笔记录说话人所说的所有内容，而且随着同时说话的人的数量增加，这项任务变得更加困难。然而，录音设备和适当放置的麦克风却能够记录下所有的口头交流，甚至耳语也可以被记录下来。但录音设备无法捕捉到手势或面部表情。每种媒介都有其优点和缺点，本章将更详细地介绍相关内容。

媒介的特征与观察者

在使用媒介时，应该考虑以下几个因素：

- 设备的可用性
- 可操作性
- 使用前是否需要培训
- 易于记录（编码）和从记录（解码）中获得适当的信息
- 适用范围
- 成本

- 媒介系统对观察环境的侵入性

比如，纸和笔不需要培训就可以使用，但是当没有其他辅助工具时，它们的适用性有限。另一方面，录音虽然能够提供对特定情况的更完整的记录，但需要昂贵的设备支持，未经培训的观察者往往无法使用这些设备，它们还可能扰乱观察环境的布置。在为了达到观察目的而选择媒介时，不能忽视侵入性问题。媒介侵入性的程度与观察的时长密切相关，长时间的观察会让被观察者忽略媒介在环境中的存在。

虽然静态的图片或单张照片很容易获得，但是通过照片获得的行为、情景或行动的样本极少，因此很难理解观察的内容。观看者通常不知道在照片拍摄前后发生了什么。相比之下，视频则把照片采样的维度推向了极致。视频每秒曝光 18 ~ 24 张静态图片，为观察内容提供了更完整的记录。现在在教室内广泛使用的录像设备能够记录下在短时间内按顺序高速呈现的行为或动作的密集样本，能够更完整地对观察对象进行记录。录像设备的使用使观察者的推断次数大大减少。

实际上，录像提供的信息比观察者实际需要的更多。比方说，逐帧分析可以让观察者看到被观察者的眼球运动，慢动作和重复播放也有助于观察者进行其他行为的分析。在看电影时，观众没有时间逐一提取所有有用的信息——事实上，观众的感知通常被电影制作人操控。

所有的媒介（如静态画面和动态画面）都有各不相同的特点，因此在选择媒介时要考虑这些差异。对大多数人来说，声音、动作、非动作的区别是很明显的。这些区别会影响观察的数据。

完全理想的观察工具并不存在。如果有，这种理想化的观察工具就是一个“神奇的时间机器”，可以让观察者隐形，可以控制时间的速度和方向，穿梭时空，冻结时间，随意回放，并且把所有的感觉都表现出来。如果真的有这样的装置，那么观察者即使不在现场，也会有身临其境的感觉。

观察媒介的利弊

第一手观察资料

比起在指定的时间内通过媒介观看，直接地现场观察某些特定情境可以使观察者获得更多的信息。观察者有意识选择的过程决定了观察的焦点，不相关的信息会被过滤，被观察到的内容将符合某种情境以及预先设计的观察框架。如果观察者想要了解幼儿的营养是否丰富及其在幼儿身体上的体现，那么观察者需要重点关注幼儿的身体和行为特征（如肤色、指甲、头发、体重、反应性和能量的水平），同时筛掉儿童之间的语言交流和选择游戏对象的类型等内容。

进行第一手观察的好处包括：

- 获取信息的及时性
- 获取信息的广泛性
- 呈现连续的行为和动作（观察者可以看到、听到或询问在某个观察案例之前或之后发生的事情）

直接观察的优点也是其局限性的来源，包括：

- 在关注一些特定行为的同时忽视其他行为
- 观察者的个人因素（个人偏见、记忆、不恰当的关注点）
- 观察者本身的存在会对被观察事件产生影响

在某些情况下，多个训练有素的观察者同时观察可以有效解决上述问题，但也会带来其他问题，包括时间成本的提高和对正在进行的事件过程的干扰。因此，如果没有其他媒介技术的帮助，实际上观察者直接观察的数据收集能力会受到限制。运用分类记录系统、评定量表、图片记录和录音等都可以增强观察者的信息收集能力。我们承认观察媒介的优点和缺点。虽然没有一种媒介能将观察的所有优势结合起来，但将各种媒介恰当地组合能够弥补一些缺陷。

静态照片

一张照片虽然被摄影师有意地选择过，但也可以让观察者重新审视照片，检视自身对照片内容的感知和理解。观察者可以通过照片所显示的行为或动作的顺序推断儿童的变化是否发生。观察者还可以将自己的观察结果与其他人对同一事件的观察结果进行比较，并且可以在将来的某个时间回顾照片中所描述的事件。因此，照片可以扩展观察过程，可以超越观察者记忆的局限。观察者可以对行为和事件进行回顾，这是静态照片或一组记录动态的照片的主要优势，这种优势是直接的肉眼观察所不具备的。

一张照片的局限性是显而易见的：它呈现的是静态视图，观看者在不知道事件发生之前或之后的具体情况时，需要思考图片之外的信息并做出推断。第二个局限是，在大多数情况下，照片的摄影师为观众做出了选择。与观看绘画作品不同，一个人在观看一幅画时往往会寻求绘画背后微妙的意义，而在观看一张照片时往往会认为它是真实的，而实际上它只是部分真实的体现或者选择性的真实。处理这个问题的有效方法是使用一组静态照片，每一张照片按照顺序阐明场景、背景、行为的相互作用和事件的结果。

教师可能会发现目标事件发生之前和之后的照片很有用，或者希望拍摄一系列的照片，以捕捉儿童发展的标志性事件，放进儿童的档案袋中，记录其进步行为。收集一段时间的照片有助于记录儿童新表现出的技能，并可以用来与家长交流儿童学习和发展的成果。教室的照片可以使教师详细地了解教室环境。譬如，艾迪斯（Adis，1977）使用摄影照片来确定学生与课堂资源的互动模式。教室的照片由在不同位置安装的摄影设备进行拍摄，同时连接计算机进行储存、编码，以有效追踪学生与课堂资源及其他学生的互动模式。此外，可以在一天中定期拍摄教室内的每个活动区域（例如，在一天中每

15 分钟拍摄一次）。

音频记录

如果观察者有合适的录音设备，并且能把麦克风安装在合适的位置，那么录音可以非常灵活地记录口头交流的情况。要评价一段对话，人们可能会把重点放在内容分析、音位分析、音量变化、语言节奏和表达上。而在现实场景中，现场的听者 / 观察者永远无法同时从这些不同的焦点中吸收所有有用的信息并进行对话分析。由于具备回放功能，录音记录可以用于进行其他方面的分析，因此音频设备是非常重要的观察工具。

当录音被转换成文本时，大量的信息会丢失，因为一旦对话用文字呈现，语言表达过程中的感情、节奏和语调的引申含义就很难被完全保留。与照片记录相比，录音也有局限性。从面部表情或身体动作（当然，在实际生活中，肢体语言可能与口头语言表达的内容相反）、他人行为和环境中获得的大量信息会在录音中丢失。幼儿园教室中的噪声也会影响音频的质量。然而，如果能够对行为发生的背景进行记录和解释，那么录音的有效价值就会大大提高。此外，从积极的角度来看，录音的好处就是观察者可以客观地审查记录信息。在与其他媒介的组合使用中，录音有助于提高观察记录的完整性。

录像设备

视频或录像兼顾了听觉、视觉和时间维度，在大多数情况下，它们可以提供最完整的观察记录。但观察者在观看视频或录像时往往更为被动，并受到视频制作者的选择性的影响。此外，观众会带着自己的偏见和先前的经验来观看视频，所以他们有充分的空间来自由发挥主观性。视频具有高密度和灵活性的独特优势：可以一帧一帧地观看，在指定处暂停，然后回放，并且可以由许多观察者同时观看。因此，观看视频是非常有效的达到观察目的和分析观察数据的方式。使用计算机辅助分析有助于对观察行为进行非常详细的描述。交互式视频的使用进一步提升了观察的有序性。

使用录像设备的主要局限来自设备的高成本以及缺乏录制所需的技术支持。最新的视频技术已经消除了一些问题。越来越多的学校教室中使用了录像设备。然而，使用录像设备的观察者需要记住，受摄像机的角度和儿童活动的影响，有些重要的行为仍然可能被忽略（尤其是幼儿动作频繁，而且不一定面对镜头；摄像设备可能会损坏，教室中的噪声可能很大，甚至观察者会忘记打开摄像机）。

尽管有上述局限，录影和录像设备仍可以极大地提高我们对幼儿行为的理解（包括他们解决问题的过程和策略）。例如，库尼恩（Kounin，1975）对儿童自由游戏和正式课程进行了录像。教师的沟通方式、教材和教具的使用以及儿童的行为（听故事并做出回应）都会影响课堂。金斯伯格（Ginsburg，1987）使用录像的方式调查了幼儿对数字的理解。通过对录像视频的分析，他设计了相关的教师工作坊，重点介绍了儿童解决数字问题的策略、犯错误的种类以及如何解释这些错误。根据儿童的反应，可以问他们一些问题，例如："你是如何得出答案的？""你是怎么知道的？"尽管有些儿童可能会回答"因为我很聪明"，但通过仔细分析视频，我们会发现有关儿童数字技能的重要结论。教师和家长可以通过观察和讨论这些录像来获得关于儿童发展的更多知识。此外，视频还被用来记录实施一些新的特殊干预项目时观察对象发生的变化（比如家长在亲子阅读项目中与儿童共读时的互动）（Brobst & Boehm，1993；Whitehurst et al.，1994）。

黑白或彩色

我们生活在一个彩色的世界中，当环顾四周时，色彩的特征会自然而然地留在我们的心里。不同的视觉媒介再现第一手观察资料的色彩的程度是各不相同的。彩色影像与黑白影像具有不同的信息承载力。例如，我们可以再看看任务二中的超市场景的照片（图 4.1），并考虑彩色照片可能显示出的有关商店的附加信息（可购买的特定产品的信息）。色彩承载着丰富的信息，会影响观察者的感知，但是这取决于观察者的目的，以及这种色彩信息是否需要被单独筛选出来。

机械化的记录设备

不同于便携式计算器，计数装置可以用于记录行为的频率，计算机设备还可以记录和收集个人在计算机上对设定情境任务做出反应的情况，包括反应时间、错误次数、偏离次数以及达到标准水平之前的试误次数。

总之，观察者必须仔细考虑不同媒介的特点、优点和缺点并加以控制。肯特和福斯特（Kent & Foster，1977）指出，不同的媒介形式可能无法等同，甚至不可以进行比较，因为它们生成的是不同类型的观察数据。录音设备或录像设备的使用大大提高了我们收集观察数据的能力。但是，这些媒介并不是所要观察的环境的既定组成部分，它们的进入对现实环境具有侵入性。被观察者可能需要一段时间来适应这些“非人类观察者”的存在。

福斯特和科恩（Foster & Cone，1986）总结了不同媒介对观察数据的影响，指出：

- 在现场观察和观看录像时，观察者之间的一致性会有所不同。根据观察到的目标行为，现场观察的一致性往往更高。
- 使用不同媒介的观察结果存在不一致性。

结　　语

在这本书中，我们已经强调了系统的观察能够发挥的有效作用，例如解决课堂问题并促进在课堂和其他的学习环境中的干预措施和教育方案的应用。敏锐的观察者不应该只接受自然主义取向的观察法，而不接受其他探究教育过程的方法论和研究方法。虽然个体的感受和态度是许多行为的基础，但是通过直接观察往往无法理解个体的感受和态度。访谈和问卷调查可能是探究这些维度的更有效的方法。例如，在评估一个儿童的自尊水平时，可以更直接地采用访谈和问卷调查等研究方法。此外，由于某些行为很少直接发生在自然的情境下，我们有必要创造一个实验或测试情境来研究或观察行为的发生。这些行为涉及儿童的问题解决策略、发现模式、学习状况和发散性思维水平。

系统的观察可以帮助教育工作者了解和理解不同学习背景下儿童的复杂行为及其改变。学习设计和使用观察技术并解释系统观察的结果并不容易，但是随着观察经验的增加，训练有素的观察者能够在直接观察的基础上获取有用的信息。

我们想说的是，没有一种观察方法是完美的。每名观察者必须确定一个观察领域并选择适用于自身工作方式且能解决实际问题的观察方法。希望这个指南可以为观察者提供灵活且系统的参考方向，以便更有效地收集和使用观察数据，并基于这些重要的观察数据来制定干预措施或教育决策。

也许最活跃的课堂观察者是儿童。我们都知道，儿童学到的内容在很大程度上是通过观察周围的人、观察每天发生的事情来获得的。此外，观察对于儿童的智力发展和社交能力的提高是必不可少的。我们有必要引导儿童学习使用系统的观察方法和技能——定义观察问题、客观地观察、用数据支持推论。事实上，这也是一些儿童科学教育项目提倡的课程重点。

最后，婴幼儿观察者（即教师）通常会发现与同为观察者的父母合作会大有裨益。在许多情况下，理解儿童的行为和经验离不开他们的家庭。家长是课堂观察者的宝贵资源，在很多方面都能提供支持。他们可以提供儿童在校外或在家中的行为表现的基本信息，可以作为观察者或合作观察者接受观察培训，重点关注教师关注的儿童行为，提供可以互相验证的信息或新的观察信息。当儿童出现某些问题时，家长和教师可以通过观察来识别和解决问题，从而促进家庭与学校之间的合作。

附　录

任务一　参考示例

观察你所在的场景（限 5 分钟）

场景信息：教师和学生所在的教室

时间：下午 2:00（下午 1:45 开始上课）

观察者：A

观察顺序

1. 教室里很冷。
2. 教室里女生比男生多。
3. 我可以听见成年人的声音。
4. 教室里有白色的橱柜。
5. 黑板是灰色的。
6. 教室里很安静。
7. 教室里有工作桌。
8. 教室里有大窗户、高天花板和良好的通风系统。
9. 教室里的成年人的年龄为 20 ~ 35 岁。
10. 这个教室和另一个教室相连。
11. 大多数人在忙着写作。

观察者：B

观察顺序

1. 教师很年轻。
2. 黑板下有木架。
3. 同学们显得疲惫又专注。
4. 教室里很安静。
5. 大家围成半圈坐着。
6. 每个人都在观察四周并进行写作。
7.（令人惊讶的是）教室很小。
8. 教室里的氛围是非正式且轻松的。

续表

观察你所在的场景（限 5 分钟）
场景信息：教师和学生所在的教室
时间：下午 2:00（下午 1:45 开始上课）

观察者： C
观察顺序
1. 教室里的天花板很高。
2. 教室里有明亮的米色墙壁。
3. 教室是正方形的。
4. 教室里有几张桌子和几把椅子。
5. 一共大约有 12 人。
6. 大多数人在忙着写作。
7. 这个教室挨着另一个教室，那个教室里有人在说话。

任务四　参考示例

在“开端计划”教室里对一个女孩进行观察

实施的观察	推论	支持推论的观察（#1，#2）
1. 她独自坐在一堆积木旁。	A. 这个儿童没有与他人互动。	A.1，2
2. 其他儿童没有关注她。	B. 这个儿童害怕和活跃的儿童一起玩。	B.1，3，4
3. 四人中至少有两人在（积极地）玩积木。	C. 这个儿童在与男孩们玩耍后短暂地休息了一会儿。	C.1
4. 她把目光从其他儿童的身上移开。	D. 这个儿童在扮演一个收到鲜花的“女演员”。	D.1，5
5. 她手里拿着一束花。		

任务五　参考示例

区分清晰陈述的问题和未清晰陈述的问题

问题	清晰陈述	未清晰陈述	原因
1. 在进行小组“绘本阅读”活动时，男生更不安分吗？		√	“不安分”一词是什么意思？这个问题应该被重新陈述以引导观察者将注意力集中到特定的具体行为上。*

续表

区分清晰陈述的问题和未清晰陈述的问题

问题	清晰陈述	未清晰陈述	原因
2. 这个教室里的教师是否鼓励提问行为?		√	“鼓励”一词指的是什么行为?这个问题应该被重新陈述以使“鼓励”在具体的行为上有更清晰的定义。十
3. 在幼儿园的某个教学日，有多少幼儿选择在自由游戏时看书?	√		观察者可以制作一个统计表来计算在指定时间内看书的儿童人数。
4. 为什么幼儿园里的女孩在餐点时间后更有动机去打扫卫生?		√	“有动机”一词是什么意思?这个问题应该被重新陈述以使“有动机”在具体的行为上有更清晰的定义。§

*“在小组活动中，男孩是否有起身离开椅子或不参加阅读活动的行为，并且比女孩更频繁地做其他事情？”“在小组活动中，教师训斥男孩的次数比训斥女孩的次数多吗？”

十“在幼儿提出问题后，教师多久会以点头、微笑、给予口头表扬或其他肯定性行为进行回应？”

§“女孩是否比男孩更经常主动地清理桌子或更换餐具？”

任务六　参考示例

观察环境的限制

类别	特征	不太可能发生的行为	可能发生的行为
1. 人物	两个成年人：一个似乎在观察；另一个似乎在协助组织小组活动（性别难以确定） 穿夏装的白人儿童和黑人儿童	孩子与年长于这两位成年人的其他陌生人进行游戏互动	儿童与不同肤色、不同性别的同伴（如黑人和白人、同性和异性同伴以及成年人）进行交流的行为 持续性儿童互动行为的观察 儿童身穿轻便衣服，有利于活动
2. 可用的材料	坚硬的路面 1 辆货车、2 辆三轮自行车和 1 辆马车 1 把吉他 3 处灌木丛	由于缺乏标准的操场设备，不可能进行攀爬、摇摆、滑行等活动	骑三轮自行车，拉马车，不受限制地跑步和跳跃 弹吉他和唱歌 可能的游戏，如“捉迷藏”
3. 空间	大片的开阔空地		许多可以同时进行的游戏或活动
4. 其他（注明）			

任务九　参考示例

区分互斥的行为类别

类别	互斥	重叠
1. 跑步 躺着 坐着 站着	√	
2. 欢笑 哭泣 说话		√
3. 阅读 浏览 倾听		√
4. 提出问题 发号施令 陈述观点	√	

注释：在任务九的参考示例中，示例1和示例4是互斥的类别，因为所观察到的行为永远不能同时发生，并且可以被划分到既定的行为类别中。然而，示例2和示例3有重叠的行为类别，一个人可以同时哭泣和说话，除了“阅读”盲文的极端例子外，当一个人在阅读一本书时，他肯定会用眼睛进行浏览。

任务十　参考示例

操场活动中的大肌肉运动技能分类

1. 行走	5. 攀岩
2. 跳跃	6. 投球
3. 跳绳	7. 骑车
4. 跳舞	8. 其他*

* 在每次实地观察时由观察者记录。

任务十一　参考示例

确定代表性观察样本

问题	行为样本	有代表性吗？有	有代表性吗？无	原因
研究一年级儿童在校的专注行为	观察坐在特定班级的前排座位上的儿童的行为		√	• 非随机抽样：前排可能只包括有视觉或行为问题的儿童等。 • 只有一个班级：由于存在按成绩分班的情况、班级特定教师的影响或其他因素，这个班级的学生可能无法代表整个学校的一年级学生。
统计幼儿园班级中“多动”幼儿离开座位的次数	连续5天在上午10:00—10:15观察幼儿		√	• “连续5天”可能会被质疑观察时间并不充足。 • 每天的观察时段为上午10:00—10:15，幼儿园班级的活动可能相同。例如，可能只会观察到小组活动。需要在一天中的其他时间对活动进行抽样。
研究5岁儿童在操场上和不同性别同伴的互动情况	随机选择4名男孩和4名女孩，系统地轮流观察每名儿童5分钟，记录每名儿童与不同性别同伴互动的时间； 观察取样应在不同的日期和时间进行	√		• 随机选择要观察的男孩和女孩。 • 在不同的日期进行抽样观察，保证样本的代表性。 • 在不同的时间进行取样可能避免幼儿的疲劳或饥饿等因素的影响。 • 由于研究聚焦于操场活动中的儿童与不同性别同伴的互动，因此排除了在其他环境中的观察。

参考文献[1]

Adelman, H. S., & Taylor, L. (1984). Ethical concerns and identification of psychoeducational problems. *Tournal of Clinical Child Psychology, 13* (1),16-23.

Adis, W. (1977). *A photographic analysis of the classroom environment.* New York: Metropolitan School Study Council Exchange, Teachers College,Columbia University, *35* (8).

Ainsworth, M. D. S., Blehar, M., Waters, E., & Wall, S.(1978). *Patterns of attachment.*Hillsdale, NJ: Erlbaum.

Alessi, G. J., & Kaye, J.H.(1983). *Behavior assessment for school psychologists.* Kent, OH: National Association of School Psychologists.

Almy,M., & Genishi, C.(1981). *Ways of studying children* (rev. ed.).NewYork:Teachers College Press.

American Psychological Association. (1982). *Ethical principles in the conduct of research with human participants.* Washington, DC: Author.

Bagnato, S. J., & Neisworth, J. T. (1992). *Assessment for early intervention.*New York: Guilford.

Bailey, D. B. (1989). Assessing environments. In D. B. Bailey & M. Wolery (Eds.),*Assessing infants and preschoolers with handicaps* (pp. 97-118). Columbus,OH: Merrill.

Baker, E. H., &. Tyne, T. F. (1980, Fall). The use of observational procedures in

[1] 为了环保，也为了节省您的购书开支，本书参考文献不在此一一列出。如果您需要完整的参考文献，请通过电子邮箱 1012305542@qq.com 联系下载，或者登录 www.wqedu.com 下载，您在下载中遇到问题，可拨打 010-65181109 咨询。

school psychological services. *School Psychology Monograph, 4* (1), 25-44.

Baldwin, A. L.(1968). *Theories of child development.* New York: Wiley.

Bandura, A. (1978). The self system in reciprocal determinism. *American Psychologist,33*, 344-358.

Bandura, A., & Walters, R. H. (1963). *Social learning and personality development.* New York: Holt, Rinehart & Winston.

Barker, R. G. (1968). *Ecological psychology.* Stanford, CA: Stanford University Press.

Barker, R. G., & Schoggen, P. (1973). *Qualities of community life.* San Francisco:Jossey-Bass.

Barker, R. G., &. Wright, H. F. (1951). *One boy's day: A specimen record of behavior.* New York: Harper & Row.

Barker, R. G., & Wright, H. F.(1955). *Midwest and its children: The psychological ecology of an American town.* New York: Harper & Row.

Barnett, D. W., & Carey, K. T. (l992). *Designing interventions for preschool learning and behavior problems.* San Francisco: Jossey-Bass.

Barnett, D. W., & MacMann, G. M. (1992). Decision reliability and validity:Contributions and limitations of alternative assessment strategies. *The Journal of Special Education.* 25, 431-452.

Baumrind, D. (1968). *Naturalistic observation in the study of parent-child interaction.* Paper presented at the 76th Annual American Psychological Association Convention, September.

Beaty, J. J. (1993). *Observing development of the young child* (3rd ed.). New York: Macmillan.

Beecher, R. (1973). *Teacher approval and disapproval of classroom behavior in prekindergarten, kindergarten, and first grade.* Unpublished doctoral dissertation, Teachers College, Columbia University, New York.